Lutz van Dijk
Township Blues

Town Ship Blues

Lutz van Dijk

ELEFANTEN
PRESS

ELEFANTEN PRESS

Herausgegeben von Marion Schweizer

ELEFANTEN PRESS gehört zu den
Kinder- & Jugendbuch-Verlagen
in der Verlagsgruppe Random House
München Berlin Frankfurt Wien Zürich
http://www.elefantenpress.de

Umwelthinweis:
Dieses Buch wurde auf chlorfrei gebleichtem Papier gedruckt.

Gesetzt nach den Regeln der Rechtschreibreform
3. Auflage 2002
© ELEFANTEN PRESS / C. Bertelsmann
Jugendbuch Verlag, München
in der Verlagsgruppe Random House GmbH
Alle Rechte vorbehalten
Umschlagkonzeption: Atelier Langenfass, Ismaning
Umschlagbild: Christine Skobranek
Lektorat: Marion Schweizer
Gestaltung, Satz: Agentur Marina Siegemund
Druck: GGP Media, Pößneck
ISBN 3-570-14599-9
Printed in Germany

Diesen Roman widme ich
Gugu Dlamini, einer jungen Frau
aus dem Township KwaMashu bei Durban,
die von ihren Nachbarn ermordet wurde,
nachdem sie am 1.12.1998,
dem Welt-AIDS-Tag, im zulusprachigen
Radio- und Fernsehprogramm
bekannt hatte, HIV-positiv zu sein.

» Wir können es uns nicht leisten zuzulassen,
dass die AIDS-Epidemie die Verwirklichung
unserer Träume ruiniert.«
(Chris Hani im Jahr 1990, südafrikanischer
Anti-Apartheid-Kämpfer und Politiker,
1993 ermordet.)

Alle Personen dieses Romans sind frei erfunden.
Doch Orte wie das Township Guguletu gibt es wohl
nicht nur in Südafrika.

Usana Lwasejele
Knast-Baby

Der Sturm der letzten Tage ist vorüber. Teilweise in Orkanstärke, hat er vor allem in den ärmeren Gegenden viele Schäden angerichtet. Allein in unserer Straße sind mehr als zehn Häuser ohne Dächer und zwei Nachbarn liegen noch immer im Krankenhaus. Seit gestern Mittag nun scheint die Sonne unschuldig von einem strahlend blauen Himmel. Keine Wolke weit und breit. Das Meer ist noch viel zu kalt zum Baden. Aber ich musste einfach raus mit Thabang. Raus ans Meer, zu den Wellen und den kleinen Buchten, die hinter dem großen Strand beginnen, wo es noch Plätze gibt, zu denen sonst niemand kommt.

So bitterkalt die letzten Wintertage waren, so mild, ja warm, hat nun mit einem Schlag der Frühling begonnen. Und Thabang ist noch immer bei mir. Wir haben das alles durchgestanden. Und nichts war umsonst.

Schon im Morgengrauen sind wir mit dem Bus von Guguletu bis nach Kapstadt rein und dann mit der kleinen Bahn immer an der Küste entlang. Irgendwann rief Thabang: »Hier sieht es gut aus, los raus, schnell ...« Kurz bevor die Lokomotive wieder anfuhr, sprangen wir raus. Dann liefen wir bestimmt eine Stunde direkt am Ufer entlang, mit den Füßen gerade so weit im Wasser, dass die hochgekrempelten Jeans nicht nass wurden.

So haben wir sie gefunden, unsere Bucht. Logisch, dass wir nicht genau verraten, wo sie ist. Der Sand ist noch kühl, als wir unsere Decke ausbreiten. Wir behalten anfangs sogar noch unsere Pullover an. Aber unsere Hände finden ihren Weg zur Haut des anderen. Thabangs warme kräftige Finger streicheln sanft über meinen Rücken. Dann drückt er mich so fest an sich, dass ich kaum Luft bekomme. »Fester«, flüstere ich in sein Ohr. »Ganz fest musst du mich halten!«

Thabang spannt seine Muskeln und ich spüre seine Oberarme steinhart werden. Dann presst er mich so sehr an sich, dass ich wirklich nicht mehr atmen kann. Ich fühle nur noch seine Haut, seine Muskeln, seinen Herzschlag gegen meinen – und halte den Atem an. So als könnte ich damit auch die Zeit anhalten. Ich drücke meine Lippen auf seine ... wie gut sich das anfühlt! Seine Zunge spielt mit meinen Lippen, dann berühren sich unsere Zungenspitzen. Wofür noch atmen? Ich habe keine Angst, ohnmächtig zu werden. Wenn ich so nur die Zeit anhalten könnte. Fester, Thabang, fester!

Bestimmt zwei volle Minuten schaffen wir es, uns zu küssen und festzuhalten, ohne zu atmen. Wenn wir mehr trainieren, kommen wir garantiert auf noch bessere Zeiten. Dann prusten wir plötzlich beide los vor Lachen, schnappen dabei wie zwei gestrandete Fische nach Luft und lassen uns jeder auf den Rücken fallen. »Usebenzile – gut gemacht, Thina!«, ruft Thabang. »Falls die nächsten Olympischen Spiele nach Südafrika kommen, sind wir beim Tiefsee-Küssen dabei!«

Ich und Küssen! Noch vor ein paar Monaten war ich überzeugt, dass mich niemals mehr jemand küssen würde. Niemand, niemand, niemand. Bis ich tot bin. Weil ... wenn alle wüssten, was mit mir los ist, all die Idioten, die keine Ahnung haben, dann wäre ich verloren. Da bräuchte ich gar nicht mehr zu warten, bis ich von selbst krepiere. Die würden mich killen mit ihrer Missachtung, ihrem Hass, ihrer Dummheit. Da war ich ganz sicher. Meine Nachbarn, meine Freunde, sogar meine Familie, alle würden mich hassen dafür. Egal, ob es meine Schuld ist oder nicht. Einfach so zu sein ist genug. Es gibt genügend Beispiele von Leuten, denen es so ergangen ist, nachdem es herausgekommen war oder sie es sogar selbst gesagt hatten.

Dabei bin ich wirklich nicht so schnell in Panik zu versetzen. Echt nicht. Mein Leben ist nie ein Zuckerlecken gewesen. Vom ersten Augenblick an Kampf ums Überleben. Wörtlich. Alle Menschen werden gleich geboren? Ein schlechter Scherz! Lass uns nicht drumherum reden – ich habe so ziemlich die größte Niete gezogen. Weil sie Mama einfach nicht freilassen wollten, bin ich im Knast geboren. Zur Strafe wofür eigentlich? Dass ich auf die Welt kommen wollte?

Dabei hat mich niemand vorher gefragt. Kein Baby auf dieser Welt wird gefragt, wo es geboren werden möchte. Und hinterher wird einem alles vorgeworfen: falsches Elternhaus, falsche Hautfarbe, falsche Muttersprache, falsche Religion oder gar keine, alles verkehrt! Und du sollst das irgendwann allen erklären.

Aber trotz allem wollte ich schließlich doch raus. Nach gut acht Monaten schon. Ich wollte es einfach wissen. Ein ungeduldiges, wild strampelndes Ungeheuer. Mama war sicher, dass ich das niemals packen würde. Total winzig und verschrumpelt. Hässlich, kaum Haare auf dem Kopf und voller Blut. Aber bis heute behauptet Mama, dass ich das süßeste Baby war, das je das Licht der Welt erblickt hat, und dass alle anderen Frauen im Gefängnis sich darum rissen, mich mal in den Arm zu nehmen.

Thabang berührt zärtlich meine Hand. »Woran denkst du? Du schaust plötzlich so ernst ...«

Ich schüttle den Kopf, wie um einen bösen Traum zu verjagen. Dann schaue ich in Thabangs glänzende dunkle Augen und frage ihn: »Was ist deine Lieblingsfarbe?«

Thabang denkt einen Moment nach. Dann antwortet er: »Braun, aber ein ganz bestimmtes.«

»Welches denn?«

»Willst du es wirklich wissen?«

Er grinst. Erst recht will ich es nun wissen. Er fährt mit seiner Hand unter meinen Pullover und zieht ihn so weit hoch, dass mein Bauch frei liegt. Dann strahlt er mich an und sagt: »Das Braun deines Bauchnabels!«

Ich habe mir meinen Nabel noch nie so genau angesehen. Ich stelle fest, dass er ziemlich verschiedene Brauntöne aufweist. Innen ist er heller als außen am Rand. Thabang spinnt.

»Ja«, entgegnet er ruhig. »Genau deshalb. Dein Nabel hat so viel schönes Braun.« Dann legt er seinen Kopf auf meinen Bauch. Seine festen Locken kitzeln auf der Haut. »Und du?«

»Was ich?«

»Was ist deine Lieblingsfarbe?«

Ich brauche nicht nachzudenken: »Blau! Von mir aus könnte alles blau sein.« Und dann sprudelt es nur so aus mir heraus: »Das erste wunderschöne Blau, das ich in meinem Leben sah, stammt von Lindi, die damals noch genau nebenan wohnte. Wir waren beide höchstens drei und sie hatte so ein leuchtend hellblaues Hemdchen. Sonst fand ich Lindi damals meist hässlich, kurze dicke Beinchen, und immer lief Schnodder aus ihrer Nase. Aber dann hatte sie dieses blaue Hemd mit kurzen Ärmeln und einem runden Ausschnitt. Plötzlich interessierte ich mich für Lindi. Ich wollte auch so ein blaues Hemd. Ich fragte mich, wieso sie und nicht ich? Und ich weiß noch, wie ich ein paar Jahre später erfuhr, dass sie eigentlich Lindiwe heißt, also die, *auf die wir lange gewartet haben.* Auf mich hatte niemand gewartet, das wusste ich mit einem Mal. Sieben war ich da, höchstens sieben. Mein erster Blues.«

»Und welches Blau findest du heute am schönsten?«

»Das ist kitschig.«

»Sag's trotzdem!«

»Okay – das Blau von einem Himmel wie heute: an einem wolkenlosen Tag im Frühling am Meer. Das ist *inkululeko* – das Blau der Freiheit, wo du so sein kannst, wie du bist oder sein möchtest. Ein Blau, das niemandem gehört, aber doch jeden frei machen kann ... so ein Blau, verstehst du?«

Thabang antwortet nicht. Er lässt einfach seinen Kopf auf meinem Bauch liegen. Sein warmer Atem streicht über meine Haut. Er schaut hinaus aufs Meer und bleibt eine Weile ganz still. Dann dreht er seinen Kopf zu mir.

»Warum haben sie deine Mutter damals eingesperrt? War sie politisch?«

»Mama? Wenn sie das mal gewesen wäre. Damals wollte sie nur Mangaliso helfen, der gerade fünfzehn war und statt zur Schule dauernd mit anderen Jungen zu politischen Treffen ging.«

»Ist das damals passiert mit Mangaliso?«

»Ja, das war genau in der Zeit. Als Mutter mit dickem Bauch einsaß und Mangi für mehr als ein Jahr verschwunden blieb.«

»Haben sie denn damals beide zusammen verhaftet? Deine Mutter und Mangaliso?«

»In der gleichen Nacht war das, eine ganz ruhige Nacht bis dahin ...«

Thabang lässt seinen Kopf zurück auf meinen Bauch sinken. Die Sonne steigt nun steil auf. Wie gut die Wärme tut. Wir streifen unsere Turnschuhe ab und ziehen die dicken Pullover über den Kopf. Dann strecken wir uns der Länge nach auf unserer Decke aus und schmiegen uns dicht aneinander.

»Erzähl mal«, sagt Thabang leise. So oft habe ich die Geschichte jener Nacht gehört. Von Oma, von meinen zwei älteren Brüdern, von Lindis Mutter. Nur Mama mag nichts mehr hören davon. Von damals, als ich schon in ihrem Bauch war, aber ansonsten natürlich noch nichts mitbekommen habe.

Thabang vertraue ich völlig. Es tut gut, mit ihm über alles reden zu können. Ein bisschen ist das wie Medizin, gute Medizin. Also erzähle ich ihm auch diese Geschichte, mit der alles begann. »Liegst du bequem?«, frage ich nach, weil ich nun schon eine Weile auf seinem Arm liege.

»Fang schon an«, brummt er und rückt noch etwas dichter heran.

Eine wirklich ruhige Nacht war es bis dahin gewesen. Wie meist war Mama erst nach Einbruch der Dunkelheit von ihrer Arbeit als *maid* aus Rondebosch zurückgekommen. Lange Arbeitstage, mit der Fahrerei oftmals mehr als vierzehn Stunden weg. Aber sie war zufrieden, denn die weiße Familie, für die sie damals putzte und kochte und auf deren zwei kleine Kinder sie aufpasste, war ziemlich nett. Die waren noch nicht lange im Land, hatten ihr anfangs viel zu viel Geld gegeben und sie mit am Tisch essen lassen, bis Nachbarn sie darauf hinwiesen, dass ›so was‹ nicht gehe. Sie waren aber auch danach freundlich geblieben und hatten Mama öfter nach ihrer eigenen Familie gefragt und ob alle Kinder gesund seien. Einmal, als Mangaliso krank war, hatte sie ihn sogar ein paarmal mitbringen dürfen.

An diesem Abend hatte sie einen Bus vorbeifahren lassen müssen, weil der mal wieder völlig überfüllt war. Als sie endlich aus dem nächsten am Rand von Guguletu absprang, war sie zu müde, um noch einzukaufen. So wärmte sie nur eine Suppe mit *iimbotyi* auf, die sie bereits am frühen Morgen vorgekocht hatte. Es war nicht gerade das Lieblingsgericht von Mangaliso und ihren anderen Kindern, aber es war warm und sie benutzte verschiedene Gewürze, um etwas Abwechslung zu schaffen. Dass sie wieder ein Kind erwartete, wusste sie schon ein paar Wochen, aber erst seit kurzem wurde es auch sichtbar für andere. Mama war damals noch schlank, »dünn wie eine Ziege«, meinte Oma. Niemand sah ihr an, dass sie schon fünf Kinder geboren hatte.

Nach dem Essen wollte Mangaliso noch raus zu seinen Freunden. Mutter war dagegen. »Jetzt noch? Was habt ihr so spät denn noch vor, Mangi?«

»Wir müssen reden, Mama!«, hatte Mangaliso geantwortet.

»Warst du heute in der Schule?«

Er schüttelte den Kopf.

»Aber du sollst zur Schule gehen!«, sagte Mutter streng. Sie fragte sich zehnmal am Tag, wie sie Mangaliso dazu bringen könnte, wieder regelmäßig den Unterricht zu besuchen.

»Mangi hat mir im Haus geholfen«, fiel ihr Oma in den Rücken, als ob dies das Schuleschwänzen rechtfertigen könnte. Oma ist immer auf unserer Seite, bis zum heutigen Tag.

»Ich bin müde, Mangi«, sagte Mutter schließlich. »Bitte komm nicht so spät. Du weißt, dass ich nicht schlafen kann, solange du draußen unterwegs bist.«

»Es dauert nicht lange, Mama«, versprach er.

Tatsächlich war er bereits nach gut einer Stunde zurück. Mutter hatte noch eine Hose geflickt und danach alle Lampen gelöscht. Nun saß sie beim offenen Fenster im schummrigen Licht einiger Mondstrahlen und sah mit Erleichterung ihren großen Jungen kommen.

»*Uphilile* – bist du okay?«, flüsterte Mutter, um die anderen nicht aufzuwecken.

Mangaliso wich ihrer Frage aus. Als er ihr über die Schulter strich, spürte sie, wie warm und feucht seine Hand war.

»*Ulale kakuhle* – gute Nacht, Mama«, flüsterte er zurück. Seine Stimme klang heiser. Dann sah sie im Halbdunkel, wie er sein Hemd und seine Hose auszog und sich in der Ecke neben seinen jüngeren Geschwistern in eine Decke wickelte. Ein paar Straßen weiter hörte Mutter mehrere Hunde bellen. Dann schlief auch sie ein.

Das Erste, was sie danach wieder hörte, waren erneut die Köter von NY 43. Dieses Mal jedoch wilder und untermalt von einem tiefen, lauter werdenden Brummen, das sie, schlaftrunken wie sie war, nicht sofort zu deuten wusste. Als sie es erkannte, war es zu spät: Ein *Casspir* hielt mit quietschenden Bremsen genau vor unserer Hütte. Die Scheinwerfer des Polizeiautos leuchteten durch die Ritzen der Wände und warfen wilde Blitze durch den kleinen Raum. Mutter hielt eine Hand vor den Mund gepresst, um nicht zu schreien, und rüttelte Mangaliso wach, der als Ältester am meisten gefährdet war. Aber da traten die Männer bereits mit ihren Stiefeln gegen die wacklige Haustür, die im nächsten Augenblick krachend nach innen stürzte. Mit einem Mal war der kleine Raum vom grellen Licht der Autoscheinwerfer überflutet. Die langen Schatten der Polizisten fielen wie übergroße Gespenster auf die am Boden Liegenden. Mangaliso war es nicht gelungen zu entkommen, aber Mutter hatte im allerletzten Moment einen Kleiderstapel über ihn geworfen.

»*My man is nie hier nie!*«, schrie Mutter in Afrikaans. »Hier sind nur Frauen und kleine Kinder!« Dabei zog sie ihren Jüngsten, der gerade zwei war, an sich und schaute mit keinem Blick in Mangalisos Ecke. Wie auf Bestellung fing der kleine Mongezi zu plärren an. Oma erhob sich mühsam von ihrem Lager und begann ebenfalls zu heulen. Halb ohnmächtig werdend ließ sie sich dann wieder zu Boden fallen und sank dabei wie zufällig auf Mangalisos Kleiderhaufen. So ist Oma! Weder war sie ohnmächtig, noch war ihr zum Heulen zumute. Wäre sie stark genug gewesen, hätte sie jeden Einzelnen der Polizisten mit Faustschlägen aus dem Haus gejagt. So aber versuchte sie zumindest Mangaliso zu schützen.

Die Polizisten kümmerten sich kaum um das Geschrei der beiden Frauen. Es waren drei Schwarze und ein Weißer, die ohne weitere Erklärung jeden Winkel zu durchsuchen begannen. Dabei stießen sie den kleinen Kocher mitsamt dem

Suppentopf um, rissen die Gardinen von den Fenstern und kippten jede der Holzkisten aus, in denen Mutter Essensvorräte und Kleidung aufbewahrte. Plötzlich packte einer von ihnen Mutter am Arm, zog sie dicht zu sich heran, sodass sie seinen Atem riechen konnte, und fuhr sie an: »*Waar is Mangaliso?*«

O Gott, woher kannten sie seinen Namen? Mutters Herz erstarrte. Dann presste sie leise hervor: »Er ist unterwegs, er schläft hier schon lange nicht mehr!« Dabei starrte sie dem schwarzen Polizisten voller Wut in die Augen. Dieser Verräter, dieses Gesicht würde sie sich merken!

»Er muss hier sein!«, widersprach der Mann in Uniform und stieß sie hinüber zu Oma. Die saß weiter auf Mangaliso, ohne sich etwas anmerken zu lassen.

Inzwischen hatten sie alles durchsucht – bis auf die Ecke, in der Mutter und Oma auf dem Kleiderhaufen hockten. Sollte es noch einmal gut gegangen sein? Der weiße Polizist stand mit seinen Stiefeln in der umgekippten Suppe und meinte höhnisch: »Das Essen wird kalt!«

Jetzt machte Oma den verhängnisvollen Fehler dieser Nacht. Anstatt sie abziehen zu lassen, entgegnete sie stolz: »Ich will nichts essen!«

Der Mann drehte sich noch einmal um und musterte sie gründlich. Niemand kann mehr sagen, ob sich Mangaliso vielleicht ein wenig bewegt hat oder dem Polizisten aufgefallen war, dass sie den Kleiderhaufen noch nicht durchsucht hatten. Er ging jedenfalls zurück zu Oma und trat ohne Vorwarnung mit voller Wucht unter ihrem Hintern in den Stoffberg. Mangaliso zuckte vor Schmerz zusammen und stieß einen unterdrückten Schrei aus.

Sofort waren alle vier Männer zur Stelle, stießen Oma und Mutter grob zur Seite und rissen die Kleider und Decken weg. Im gleichen Moment sprang Mangaliso hoch und versuchte zwischen den Männern nach draußen zu entkommen. Er trug nur seine Unterhose und wirkte so dünn und zerbrechlich zwischen den uniformierten Riesen, dass Mutter nicht anders konnte, als ihrem Jungen zu Hilfe zu eilen. Sie ergriff den schweren Topf und schlug ihn mit voller Wucht dem Mann, der Mangaliso zuerst gepackt hatte, von hinten auf den Kopf. Bis heute berichtet Oma stolz, dass dieser erste und einzige Schlag ein Volltreffer war und der Mann wie vom Blitz getroffen zusammensackte.

Aber immer noch waren es drei schwer bewaffnete Männer gegen zwei Frauen, einen Jungen und fünf kleine Kinder. Mangaliso kam nur bis zur Türöffnung, wo ihm einer der drei Männer mit einem *Sjambok* so zwischen die Beine schlug, dass sein rechtes Schienbein splitterte und er schreiend zusammenbrach. Ein weiterer legte ihm Handschellen an und schleifte ihn dann zu dem noch immer mit laufendem Motor vor dem Haus stehenden *Casspir,* wo ein fünfter Polizist, der auf den Wagen aufgepasst hatte, ihn wie ein Stück Vieh hinten hineinwarf und die Eisentür zuschlug.

Aber Mutter wollte nicht einfach aufgeben: »Lasst den Jungen frei, er ist noch ein Kind! Nehmt mich mit!« Sie rannte nach draußen und begann an der Klappe des *Casspirs* zu rütteln. Der zu Boden gegangene Mann war inzwischen wieder zu sich gekommen, hatte seine Mütze abgenommen und rieb sich den Schädel. Einer seiner Kollegen rief ihm spöttisch irgendeinen Spruch zu, der ihn erst recht wütend machte. Als er Mutter beim Wagen erblickte, erhob er sich mühsam, wankte auf sie zu und schlug ihr mehrmals mit der Hand ins Gesicht, bis sie den Griff der Autotür losließ und zurück-stolperte.

»Nicht meinen Jungen, mein Kind!«, schrie sie außer sich vor Verzweiflung.

»Dann kommst du eben auch mit!«, schrie der Polizist sie an und packte sie bei den Haaren, um sie ebenfalls in den Wagen zu zerren.

»*Maak gou! –* Mach schnell!«, rief ein anderer, der bereits wieder hinter dem Steuer Platz genommen hatte und den Motor aufheulen ließ.

Inzwischen waren einige Nachbarn wach geworden und kamen aus ihren Hütten gelaufen. Lindis Mutter bestätigte später, wie heldenhaft sich Mama gewehrt habe. Sie selbst wollte davon hinterher nichts mehr hören: »Gar nichts habe ich machen können! Wie Sklaven haben die uns abgeführt ...«, warf sie ein, wenn Lindis Mutter mal wieder eine neue Version des berühmten Kampfes zum Besten geben wollte.

Das Schlimmste für Mutter war, dass sie nichts, absolut nichts für Mangaliso tun konnte. Sie sah, welche fürchterlichen Schmerzen er durch den Schienbeinbruch hatte. Weil seine Hände gefesselt waren, konnte er sich kaum abstützen und flog bei jeder Kurve von einer Ecke des Gefangenen-Abteils in die andere. Sie selbst war an einer Wand angekettet. Blut lief aus seiner offenen Wunde am Bein und spritzte durch das Geschleuder bis zu ihr.

Als sie endlich bei der Polizeistation angekommen waren, wurde sie als Erste aus dem Wagen gezerrt und zu den Frauenzellen abgeführt. Mit einem letzten Blick musste sie mit ansehen, wie ihr Junge grob auf eine Trage gestoßen und in einen anderen Block der Station gebracht wurde. »Mangi! Mangaliso!«, schrie sie, um ihm Mut zu machen.

Danach saß sie mehr als drei Monate fest, erst gemeinsam mit bis zu zehn anderen Frauen in einem Raum, später in einer Einzelzelle, ohne je einem Richter vorgeführt zu werden. Am schlimmsten war, dass niemand ihr etwas über Mangalisos Schicksal berichtete.

In dieser Zeit wuchs ich in ihrem Bauch heran, bis ich schließlich auch für Außenstehende unübersehbar war. Bei den Verhören wurde sie von da an nur als »*fokken hoer* – Fick-Hure« beschimpft und verspottet mit Worten wie: »Na, hat dich dein Macker vergessen?« Oder: »Willst du noch mehr Terroristen in die Welt setzen?« Es war in diesen Wochen, dass Mutter die politische Arbeit ihres ältesten Jungen zu verstehen begann.

Das muss man sich mal vorstellen: Sitzt im Knast mit mir in ihrem inzwischen prallen Bauch, mit ihrem dünnen Hintern auf kaltem Beton und neben sich einen stinkenden, vollgekackten Eimer. Mensch, Mama – wie bist du unter solchen Bedingungen nur auf meinen wunderschönen Namen gekommen? Natürlich ein guter Xhosa-Name, niemals was in Englisch oder Afrikaans. Am liebsten hätte sie mich »Nieder mit der Apartheid!« oder »Sprengt die Knäste!« genannt. Aber dann ist ihr gerade noch rechtzeitig klar geworden, dass sie jedes Mal, wenn sie mich hätte rufen wollen, um meine vollen Windeln zu wechseln, eine erneute Gefängnisstrafe riskiert hätte. Also machte sie es etwas sanfter, aber nicht minder hoffnungsvoll: Thinasonke sollte ich heißen – und das bedeutet: *Wir alle zusammen!*

Natürlich ist der Name für den täglichen Gebrauch zu lang. Jeder sagt nur Thina. Aber es ist ein guter Gedanke, Mama, dass sie dich mit ihren *Sjamboks* und Gummiknüppeln nicht klein bekommen haben.

So viel ist geschehen seit damals. Die *Buren* sind nicht mehr an der Macht. Apartheid in Gesetzen ist abgeschafft. Zwei friedliche demokratische Wahlen haben stattgefunden. Aber wir alle zusammen? Im Moment wünsche ich mir am meisten: Du endlich nicht mehr gegen mich.

uMangaliso ubuyel'ekhaya
Mangaliso kehrt heim

»Deine Mutter braucht einfach noch Zeit«, murmelt Thabang so leise, dass ich es kaum verstehe.

»Aber ich brauche sie jetzt, verdammt noch mal!«, entgegne ich schärfer als beabsichtigt. »Immer hat sie zu mir gehalten, in all den schwierigen Jahren. Und jetzt soll ich auf einmal nicht mehr dazugehören? Wie eine Aussätzige, die keines Blickes mehr wert ist?«

Ich richte mich abrupt auf. Es tut so viel mehr weh, wenn Menschen sich von dir abwenden, die dir nah und lieb sind. Wie soll ich mich nur jemals daran gewöhnen, dass Mutter nichts mehr mit mir zu tun haben will?

Thabang schaut mich an. Aber ich wende mein Gesicht ab. Ich will nicht heulen, nicht jetzt. Er streckt seine Hand nach mir aus, ich springe jedoch auf und renne über den inzwischen aufgewärmten Sand bis zum Wasser. Lausig kalt ist es noch, aber ich laufe doch bis zu den Knien in die Wellen. Es ist so eisig, dass es beinah wehtut. Gut so. Hauptsache, ich kann mich spüren.

»Und wie ist es?«, ruft Thabang hinter mir her. Ich sehe, wie er sein T-Shirt und seine Jeans abstreift und einen großen Stein packt. Einfach so, er hat viel Kraft, das ist keine Prahlerei bei ihm, sondern reine Lebensfreude. Der Brocken muss wahnsinnig schwer sein. Erst hat er ihn nicht richtig hochgehoben, sodass er ihm aus den Händen rutscht und direkt vor die Füsse knallt. Jetzt greift er ihn mehr von unten. Seine Rückenmuskeln sind wie Drahtseile gespannt, als er ihn erneut hochstemmt und mit schweren Schritten bis dicht zu mir balanciert.

Mir ist ein bisschen mulmig zumute. Wo will er hin mit dem riesigen Brocken?

Da treffen sich unsere Blicke – und Thabang strahlt mich an mit jenem offenen Lachen, das noch immer stärker ist als alle Panik in mir. Es ist, als wolle er mir zeigen, dass wir den ganzen Mist zusammen tragen. Komme was wolle!

»*Lumka* – pass auf, Thina!«, ruft er. Es klingt mehr wie ein Jubelschrei, mit dem er seinen Körper aufbäumt, die nackten Füße in den Sand stemmt und mit den Armen den riesigen Stein hoch über den Kopf hievt und dann alle Anspannung wie eine Stahlfeder explodieren lässt. Der Brocken fliegt etwas in die Höhe und platscht dann gut zwei Meter vor uns ins Wasser. Er bricht eine heranrollende Welle, deren Gischt bis zu uns spritzt.

»Eeh – was für ein Eiswasser!«, kreischt Thabang. Der starke Mann springt erschrocken zurück vor den paar Tropfen. Ich kann nicht anders als laut loszulachen und nun erst recht mit meiner flachen Hand Wasser in seine Richtung zu spritzen. Tatsächlich duckt er sich und flüchtet wie in einem Reflex gut zehn Schritte weiter. Dann sieht er mich lachen. Ein breites Grinsen erscheint auf seinem Gesicht. Einen Moment später ist er zurück und schaufelt mit beiden Händen ganze Fluten in meine Richtung.

Ich versuche ihm in den Arm zu fallen, Angriff ist die beste Verteidigung! Dabei rutsche ich auf einem glatten Stein aus und platsche der Länge nach ins Wasser. Bevor ich wieder hochkomme, hat mich bereits die nächste Welle überrollt. Ich spüre kaum die eisige Temperatur, so aufgeregt bin ich. Thabang steht neben mir und zieht mich an einer Hand zu sich hoch. Obwohl er eben noch vor einzelnen Tropfen flüchtete, umarmt er nun meinen ausgekühlten Körper. Es ist Liebe, nichts als Liebe, die ich spüre, während seine Körperwärme allmählich zu mir durchdringt.

Ich bin nicht allein. Schon eine ganze Weile bin ich nicht mehr allein.

Und nicht nur Thabang hält so zuverlässig zu mir. Als könnte er meine Gedanken lesen, meint er wenig später: »Du hast doch auch noch Mangaliso. Ohne ihn hätten wir vielleicht nie wieder zueinander gefunden.«

»Das ist wahr, Thabang«, sage ich, beinah etwas beschämt, dass ich noch immer über Mutter klage. Die Bedeutung von Thabangs Namen stimmt so viel mehr als bei meinem Namen – Thabang, der »Fröhliche«, dessen Freude so ansteckend ist.

Drei Wochen nach meiner Geburt wurde Mutter plötzlich aus dem Knast entlassen. Wahrscheinlich waren die Aufseher einfach irgendwann genervt von meinem andauernden Geschrei, oft mitten in der Nacht. Und dazu noch die Berge voll geschissener Windeln, die ich produzierte. Eine Anklage hatte es bis zuletzt nicht gegeben, nicht mal wegen des Volltreffers mit dem Suppentopf. Mama meint, dass meine bloße Anwesenheit die anderen Frauen in ungewöhnliche Unruhe versetzte, dass sie aufmüpfiger wurden und schwerer kontrollierbar. Vielleicht lag es vor allem daran.

Ihre erste Frage daheim war, ob jemand etwas von Mangaliso gehört hatte. Achtzehn Wochen waren vergangen, seit der Junge mit seinem schwer verletzten Bein aus Mutters Blick verschwunden war. Achtzehn Wochen, in denen sie nichts von ihm gehört hatte. Weder hatte man ihr im Gefängnis etwas gesagt, noch war sonst ein Gerücht aufgetaucht über seine Verlegung oder gar Freilassung. Natürlich fürchtete Mutter das Schlimmste. Mangaliso wäre nicht der Erste aus jener Gruppe von Jugendlichen gewesen, die man vor allem deshalb für immer verschwinden ließ, um keine lästigen Beweise für irgendwelche »Menschenrechte-Schnüffler« zu schaffen, wie die Buren das nannten. Luvuyo aus NY 99 zum Beispiel war erst zehn, als sie ihn mitnahmen. Bis heute ist er nicht zurückgekommen. Und NY 99 ist gerade mal eine Querstraße weiter.

Gut ein Jahr, über zwölf lange Monate, sollte es dauern, bis Mangaliso plötzlich wieder auftauchte. Oma war auf dem Markt von einer anderen alten Frau angesprochen worden: »In der Nähe der südlichen Friedshofsmauer treibt sich seit ein paar Tagen ein eigenartiger Junge rum. Niemand kennt ihn, aber er kommt immer wieder. Er zieht ein Bein nach und reagiert nicht, wenn man ihn anspricht. Heute Morgen dachte ich, der erinnert mich irgendwie an euren großen Jungen, der damals verschwunden ist. Komm doch mal gucken heute Abend. Meistens taucht er auf, wenn es dämmrig wird. Er bettelt eine Weile und verschwindet danach wieder ...«

Oma konnte den Abend nicht abwarten. Mutter würde ohnehin erst lange nach Einbruch der Dunkelheit kommen. So lief sie schon am frühen Nachmittag zu der Stelle in der

Nähe des riesigen Friedhofs, die die Alte beschrieben hatte. Zum Glück hatte sie ihren alten Sonnenschirm mitgenommen, denn es war ein heißer Tag und Bäume gibt es nicht viele in Guguletu. Immer wieder donnerten Flugzeuge über sie hinweg, die auf dem nahen internationalen Flughafen starteten oder landeten. Sonst hörte sie den Krach kaum noch, Menschen können sich an so vieles gewöhnen. Aber heute versuchte sie auf jedes Geräusch, auf jede Bewegung besonders zu achten. Ob einer der vielen Passagiere ahnte, mit welch verzweifelter Sehnsucht ein paar hundert Meter unter ihm eine Oma auf ihren Enkelsohn hoffte?

In Guguletu geht die Zeit niemals besonders schnell, an jenem Tag schien sie nur so dahinzukriechen. Erst als die Schatten deutlich länger wurden, verschaffte ein leichter Wind etwas Abkühlung. Oma hatte sich die letzten Stunden nicht von der Stelle bewegt. Einmal hatte die andere Alte ihr zugewunken und später sogar einen Becher mit Wasser gebracht: »*Molo, Mmelwane* – hallo, Nachbarin! Ich habe dir doch gesagt, dass er nie vor der Dämmerung auftaucht!«

»*Kulungile ke, Makhulu* – alles in Ordnung, Großmutter! Ich will einfach warten, damit ich ihn keinesfalls verpasse.« Oma sagte *Großmutter* zu ihr, obwohl sie ungefähr gleich alt waren. Heute ist Oma uralt, aber sie scheint es einfach zu vergessen. Um den leeren Becher surrten ein paar Fliegen, als Oma plötzlich etwas Ungewöhnliches wahrnahm. Nicht wirklich ein Geräusch, gerade mal einen Windhauch, ein leichtes Zittern der Luft. »Mangalisos Seele eilte ihm voraus, um mich zu rufen!«, erklärte sie später.

Und richtig: Sekunden später schlurfte ein bis auf die Knochen abgemagerter Junge auf jenen staubigen Platz, der

25

im Süden an die Friedhofsmauer grenzt. Er trug nur noch Fetzen von Kleidung am Leib und humpelte unübersehbar. Wie hatte Oma auf diesen Augenblick gewartet: Sie sprang so schnell auf, dass ihr beinah schwindlig wurde, winkte mit ihrem aufgespannten Sonnenschirm und schrie, so laut sie konnte, über den ganzen Platz: »Mangi, Mangi, *nyana wam*!« *Mein Junge* rief sie, obwohl Mangi doch nur ihr *umzukulwana*, ihr Enkelkind, war. Aber sie fühlte für Mangi, als wäre er ihr eigener Sohn.

Und Mangaliso, der verloren geglaubte Sohn? Gar nichts tat er. Schlurfte einfach weiter, als wüsste er seinen eigenen Namen nicht mehr. Als er nur mehr zehn oder zwölf Schritte von Oma entfernt war, tat er etwas so Unerhörtes, dass es Oma die Tränen in die Augen trieb. Nicht, weil es so unanständig war. Oma hatte ganz andere Dinge mitgemacht in ihrem langen Leben. Sondern weil sein Tun ihr unmissverständlich klar machte, wie verrückt, wie weit weg gerückt von sich selbst der Junge war: Mangaliso zog die Fetzen seiner Hose nach unten, nahm sein Glied in die Hand und pisste gegen die Friedhofsmauer, ohne sich auch nur im Geringsten zu genieren. Sein Urin machte ein zischendes Geräusch auf dem sonnendurchglühten Stein.

Als Oma ihn endlich erreicht hatte und direkt vor ihm stand, schaute er ausdruckslos durch sie hindurch. Ein beißender Gestank strömte von ihm aus. Ohne seinen Kopf zu heben, streckte er in einer bettelnden Geste die Hand aus, wobei er vergaß, die zerrissene Hose wieder hochzuziehen. Oma ergriff seine schmutzige Hand, fühlte die zerbrochenen Fingernägel und mehrere Risse und Narben auf dem Handrücken.

Beruhigend sprach sie auf ihn ein: »*Uyeva* – hörst du, Mangi? Alles ist gut, alles ist gut ...«

Es gelang ihr nicht, die Leere in seinen Augen zu vertreiben oder gar seinen Blick mit dem ihren einzufangen. Als sie jedoch vorsichtig an seiner Hand zog, folgte er ihr wie ein müder Hund mit gesenktem Kopf. Sie scherte sich nicht um die Blicke der Nachbarn. Sie roch nicht mehr seinen Gestank. Mangalisos Körper war wieder da und Oma war fest entschlossen, alles zu tun, um auch seine Seele zur Rückkehr zu bewegen. Wie konnte sie ahnen, dass es noch so viele Jahre dauern sollte?

Endlich daheim angekommen, gab sie ihm alles zu essen, was Mama am Morgen für die ganze Familie vorbereitet hatte.

Mangaliso aß und aß, ohne sichtbare Begeisterung, jedoch mit der Beharrlichkeit eines aus dem Meer geretteten Schiffbrüchigen, der auch an Land noch nicht aufhören kann, jene Schwimmbewegungen zu machen, die ihn in den schlimmsten Stunden seines Lebens über Wasser gehalten hatten.

Erst danach führte sie ihn hinter unsere Hütte, zog ihm die dreckigen Lappen vom Leib und füllte alle verfügbaren Schüsseln und Töpfe mit frischem Wasser. Als er so vor ihr stand, überragte er sie um zwei ganze Köpfe. Oma musste ihn auf einen Stuhl setzen, um ihn von oben bis unten gründlich waschen zu können. Sie nahm sich viel Zeit dafür, redete mit leiser Stimme auf ihn ein, wobei sie vor allem seinen Namen und jene seiner Vorväter mit monotoner Stimme wiederholte. Mangaliso blieb stumm und ausdruckslos, wenngleich er, als Oma beinah fertig war, zweimal seinen Kopf auf ihre Schulter sinken ließ, was aber auch nur damit zun haben konnte, dass ihn das viele Essen ermüdet hatte.

Als Mama spät abends heimkam, schlief er bereits so tief und fest, eingerollt in saubere Decken und an der Stelle, wo er früher gelegen hatte, dass er selbst durch ihr Freudengeschrei und ihre Umarmungen nicht wach zu bekommen war. Wie glücklich war Mama, dass Mangaliso wieder da war. Und wie schwer wurde ihr Herz, als sie sehen musste, was ihrem Jungen alles angetan worden war.

Nicht nur sein schlecht verheiltes Bein, das kürzer schien und sein Hinken verursachte, zeugte davon, dass er keinerlei medizinische Versorgung erhalten hatte. Auch wiesen sein Oberkörper und Rücken verschiedene ältere Narben auf, die eher auf Schläge und ausgedrückte Zigaretten schließen ließen, als auf sein Leben in der Wildnis vor der Heimkehr. Weder ließ sich herausbekommen, wo er all die Monate eingesperrt gewesen, noch, wann er genau freigekommen war. Hatten sie ihn irgendwo ausgesetzt, weil von einem wahnsinnig Gewordenen sowieso keine bedrohlichen Zeugenaussagen mehr zu erwarten waren? Oder war es ihm selbst gelungen zu entkommen?

Als ich noch klein war, kannte ich Mangaliso nicht anders als stumm, hilflos, aber in der Regel freundlich und einfacher Ansprache willig Folge leistend. Vor allem achtete er immer darauf, in Omas Nähe zu bleiben. Ich mochte meinen großen eigenartigen Bruder, an den ich mich immer ankuscheln konnte, wenn mir danach zumute war, und dessen große Hand, wenn er sie auf meinen Kopf oder Bauch legte, mir Wärme und Sicherheit vermittelte. Da ich ihn nie anders kennen gelernt hatte, kam er mir keineswegs verrückt vor.

Er lebte, er atmete, ich hörte sein starkes Herz schlagen und spürte, ohne es benennen zu können, dass sich in ihm etwas sehr Bedeutsames vollzog, etwas, was für uns andere nur zu langsam ablief, um wahrgenommen zu werden. Ich fühlte dies selbst deutlicher, als ich noch klein war. Später begann ich ihn zu vergleichen mit anderen großen Brüdern in der Nachbarschaft. Da erst fielen mir seine Eigentümlichkeiten wirklich auf. Wie dumm solche Vergleiche sein können, weil man dann leicht das Besondere eines Menschen übersehen kann, begriff ich erst sehr viel später.

Die auffallendsten seiner Eigentümlichkeiten haben mich nie wirklich irritiert: Bis zu jener besonderen Nacht – du weißt, Thabang, welche ich meine – kam es immer wieder mal vor, dass er plötzlich, ohne einen für uns erkennbaren Anlass, aufsprang und sich alle Kleider herunterriss. Wenn er vollständig nackt war, warf er sich zu Boden und presste sich flach auf den Grund, als hoffte er, die Erde würde ihn aufnehmen und er könnte verschwinden, ohne eine Spur zu hinterlassen. Egal, ob es Winter oder Sommer war, begann er dabei jedes Mal wahnsinnig zu schwitzen. Es war, als ob Geisterdämpfe aus seinem dunkel glänzenden Körper aufstiegen, und selbst Lindi und ihre Mutter waren, als sie es zum ersten Mal erlebten, eher ergriffen als verängstigt. Da er dabei außer schwerem Atmen kaum Laute von sich gab, fiel es in der Nachbarschaft lange nicht weiter auf. Hinterher schlief er oft mehrere Stunden und war danach wieder so, als sei nichts geschehen.

Wirklich schwierig wurde es nur, wenn irgendwo in der Nähe laut knallende Geräusche auftraten, wie zum Beispiel bei Pistolen- oder Gewehrschüssen. Von einer Sekunde zur anderen verzerrten sich seine Gesichtszüge, er suchte in wilden Sprüngen unter dem Tisch oder hinter der Tür Deckung und niemand durfte ihm zu nahe kommen. Selbst Oma, die inzwischen meinte, mit ihm eine eigene Sprache zu haben, kam dann nicht mehr an ihn heran. Nie vergessen werde ich, was Mutter einmal passierte. Als sie aus Versehen mit einem Hammer auf eine Blechplatte schlug, um ein Loch im Dach zu reparieren, und einen Moment später auf ihn zuging, um ihm zu zeigen, dass es nur ein harmloser Hammer gewesen sei, biss er sie so heftig in die linke Hand, dass sie zwei Wochen lang einen Verband tragen musste. Böse war sie deshalb aber nur auf sich selbst und beteuerte jedem, der es hören oder nicht hören wollte, dass es ihre eigene Schuld gewesen sei.

Mit Oma verständigte sich Mangaliso über all die Jahre mittels eines eigenen Systems von Körpersprache und einfachen Lauten. Als ich etwa zehn war, fiel mir auf, dass er Gesprächen daheim öfter zuzuhören begann, auch wenn er selbst nie einen Ton von sich gab. Auch schaute er wie ertappt weg, wenn jemand während so einer Unterhaltung ein direktes Wort an ihn richtete. Aber er wurde wacher, teilnehmender, daran gab es keinen Zweifel. Und doch sollte es noch lange dauern, bis Mangaliso von selbst den Mund aufmachte. Dann tat er es jedoch auf eine Weise, die sein jahrelanges Schweigen mehr als gerechtfertigt erscheinen ließ.

Uhlaselo
Der Überfall

Jener Frühlingstag am Meer mit Thabang. Der bisher schönste Tag in meinem Leben. Weil ich seitdem weiß, dass ich wirklich glücklich sein kann. Natürlich nicht immer. Aber die Möglichkeit besteht. Das ist viel mehr, als ich lange Zeit zu hoffen gewagt habe. Der blaue weite Himmel, Thabangs warme starke Hände. Er war es auch, dem ich damals als Erstem wirklich alles erzählt habe, was am schlimmsten Tag meines Lebens passiert war. Auch wenn es lange gedauert hat, bis ich mich endlich getraut habe.

Eigentlich war es gar kein ganzer Tag, nur ein Abend. Nicht mal besonders spät und nicht mal ein ganzer Abend. Etwas weniger als eine halbe Stunde nur. *Kwanele* ... genug! Lang genug, dass danach nichts mehr war wie zuvor. Weil seitdem so viel passiert ist und alles mit jenem Abend begonnen hat, will ich versuchen, es aufzuschreiben. Zunächst nur für mich allein. Es ist so ähnlich wie mit dem von Thabang ins Meer geworfenen Stein. Es erleichtert einen nicht nur, eine Last abwerfen zu können. Wenn man es richtig und öfter tut, kann es einen vielleicht sogar stärker machen.

Wie hatte es überhaupt geschehen können? Da gibt es tausend Gründe und doch keinen einzigen. Ein eigenes Buch, ein ganz dickes, könnte über die tausend Gründe geschrieben werden. Wie Menschen einander so etwas antun können. Warum ein paar Jungen, nicht viel älter als ich, einfach vergessen, dass sie Menschen sind. Weshalb gerade ich es war, die sie sich aussuchten. Vergiss es. So ein dickes Buch lesen wahrscheinlich nur ein paar Wissenschaftler auf Tagungen, wo sie nur wieder andere Experten treffen. Dabei weiß jeder bei uns, dass so was passiert. Jedenfalls alle, die aufgewachsen sind in einer Gegend, die Guguletu heißt oder so ähnlich.

Wörtlich bedeutet *Guguletu*: unser Stolz. Eine doppelte Lüge. Denn obwohl es unsere Sprache ist, wurde dieses aus dem Boden gestampfte neue *Township* von jenen so benannt, die unsere Eltern und Großeltern vor gut dreißig Jahren hierher vertrieben haben. Ein ehrlicher Name wäre: *Die Rattenfalle*. Oder: *Ein Haufen Entwurzelter*. Oder: *Menschenkäfige*. Viele von uns nennen es heute abgekürzt einfach nur noch *Gugs* – das ist okay.

Als die Buren beschlossen, das Land zu stehlen, auf dem wir seit Generationen gelebt hatten, wo unsere Großeltern und Urgroßeltern begraben worden waren, wo unsere Eltern und alle Tanten und Onkel geboren sind, da taten sie zwei Dinge: Erstens suchten sie auf der Karte ein Stück ödes Land, auf dem sonst niemand wohnen wollte. Sie fanden dies gleich neben dem alten *Township* Nyanga außerhalb von Kapstadt. Darauf bauten sie ein paar hundert Menschenkäfige, einen genauso wie den anderen, aber immerhin mit Glasfenstern und Steinfußböden. Deshalb sollten wir gefälligst auch stolz drauf sein. Die Straßen waren am Reißbrett geplant und breit genug, damit überall *Casspirs* durchrasen können. Schließlich wurden sie einfach durchnummeriert: NY 1 bis NY 153 oder so ungefähr. NY steht leider nicht für New York, sondern für *Native Yard*, den Eingeborenen-Hof. Die Eingeborenen, die bescheuerten Wilden, das waren unsere Eltern und Großeltern.

Zweitens druckten sie ein paar tausend Handzettel in fehlerhaftem Xhosa, die sie ein paar Wochen vorher über den Gegenden, wo die Vertreibungen geplant waren, aus Flugzeugen abwarfen. Ich weiß nicht, warum Oma so ein Ding aufbewahrt hat. Ganz zerknittert zwar, aber noch gut zu erkennen, ist zu lesen:

Dieser Ort wird umgesiedelt. Der Umzug findet am Ersten des kommenden Monats statt und wird in die Nähe von Nyanga führen. Für diejenigen, die das möchten, wird es Lastwagen geben, die beim Umzug helfen.

»Lastwagen...?«, Oma schnaubt verächtlich durch die Nase. »Mit Bulldozern kamen sie im Morgengrauen, Hunderte von Polizisten mit Gummiknüppeln. So haben sie uns beim Umziehen geholfen ...«

»Aber warum habt ihr euch nicht gewehrt?«

»*Amehlo ayevalekile* – unsere Augen waren blind vor Aufregung. Erst wollte niemand glauben, dass die Weißen das tun würden. Wie sollte das gehen? Tausende von Menschen, Frauen, Kinder, alte Leute, alle einfach verjagen? Ein paar haben Protestbriefe geschrieben in den Wochen, nachdem die Handzettel vom Himmel gefallen waren. Es gab stundenlange *indabas* mit endlosen Reden und neuen Protestbriefen. Und dann war unser Ort in aller Herrgottsfrühe plötzlich umzingelt. Überall Polizisten, wo man nur hinschaute. Nur das Wichtigste konnten wir schnell noch zusammenraffen. Lindis Opa, der Dickkopf, kettete sich an seine Blechhütte, um den Abriss zu verhindern. Nichts hat er verhindert. Als der Bulldozer gegen seine Bude stieß, fiel sie zusammen und ihm wurde dabei der Arm gebrochen. Das war alles, was er erreicht hat.«

Oma trinkt einen Schluck Bier und fährt dann fort: »In Guguletu herrschte anfangs das reine Chaos, *umdudo woononkala* – wie beim Tanz der Krebse! In den alten Dorfgemeinschaften kannte jeder den anderen. Man vertraute einander. Hier wohnten plötzlich völlig Fremde nebeneinander. Sofort entstand Misstrauen. Es gab Diebstähle. Schlimm, wenn von dem Wenigen, das man gerettet hatte, auch noch etwas abhanden kam. Bald war der Zorn auf die *Buren,* die die Vertreibung organisiert hatten, überlagert von den alltäglichen Streitereien untereinander. Und dann geschah der erste Mord an einem kleinen Jungen. Wer war der Mörder? Bis heute ist jene Tat nicht aufgeklärt worden. Ein Mord unter uns interessierte die Polizei nicht besonders, im Gegenteil. Solange wir untereinander im Streit lagen, konnten wir niemals stark gegen die wirklichen Unterdrücker werden.«

Logisch. »Ach Oma, wie hast du nach all dem nur so freundlich bleiben können?«

»Ich bin nicht freundlich, wenn jemand mir wehtut«, knurrt sie grimmig. »Früher habe ich sogar mit meinem Holzstock zurückgeschlagen. Aber ich bin alt geworden, Thina, und zu schwach, um zu kämpfen. Den Stock benutze ich nur noch, um mich darauf zu stützen.« Sie schaut aus dem Fenster in die Richtung, aus der Mutter abends normalerweise von der Arbeit kommt. »Deine Mutter müsste mehr tun. Aber wie viele der ersten Generation von Guguletu war sie vor allem damit beschäftigt, diese hässlichen Häuser ein-

34

zurichten, einen Teppich oder einen Schrank zu kaufen, weil die Nachbarn auch schon einen hatten, und dabei jede Menge Schulden zu machen. Und dann von morgens bis abends weit weg von der Familie zu arbeiten, um das nötige Geld zu verdienen.«

Nach einer Pause atmet sie tief durch und berührt Mangaliso, der neben ihr auf der Erde sitzt, an der Schulter: »Du hast es anders machen wollen, Mangi, ich weiß, ich weiß.«

Er antwortet nicht. Er hört ihrer Stimme zu, als sei der Klang wichtiger als die einzelnen Worte. Inzwischen wissen wir, dass er spricht, wenn ihm etwas so wichtig ist, dass er es mitteilen möchte. Aber nur dann.

Leben in Guguletu. Von dem, was du nicht willst, gibt es immer genug: Staub und Streitigkeiten, Hunger und Hitze, Gestank und Müll. Von dem, was du brauchst, niemals: Vertrauen und Freunde, genug zu essen und zu trinken, bezahlte Arbeit, Medizin für die Kranken und eine einigermaßen funktionierende Schule.

Unsere Schule, die *Forest Hill High School,* funktioniert oft nicht. Schlecht bezahlte Lehrer, die, bis auf wenige Ausnahmen, sofort alles hinschmeißen würden, wenn sie nur irgendwo anders einen vernünftigen Job bekämen. Riesenklassen, viele mit mehr als fünfzig Schülern, die je nach Herkunft oder Bandenzugehörigkeit untereinander bis aufs Messer verfeindet sind. Die baufälligen Schulgemäuer liegen in der Nähe der südlichen Hauptstraße auf einem großen kahlen Platz, auf den im Sommer unbarmherzig die Sonne knallt und wo im Winter der eisige Kapwind gelbe Sandwolken vor sich her treibt – weder durch einen Wald noch durch einen

Hügel geschützt. *Forest Hill* muss so gelesen werden wie *Guguletu*: Der Name verstärkt allein den Kontrast zwischen dem, wie es ist, und dem, wie es sein könnte. Eigenartigerweise wurde der Name für unsere Schule weiterhin benutzt, selbst nachdem sie 1994 offiziell in *Mfundo High School* umbenannt worden war.

Konkretere Probleme als die Namensgebung prägen den Alltag: Seit vorletztem Winter hat Mr. Dlomo, unser Schulleiter, einen Zaun um das Schulgrundstück ziehen lassen, nachdem zuerst die Stühle und Tische geklaut und später nachts sogar Türen und Fenster ausgebaut worden waren von Leuten, die die Sachen für ihre eigenen Häuser gebrauchen konnten. Der Zaun allein nützte natürlich gar nichts. Ein paar Wochen lang wurde deshalb ein Wachdienst bezahlt, der sich mit einigen Hunden während der Dunkelheit auf dem Gelände aufhielt. Dann fanden die Lehrer, dass die Nachtwächter zu teuer sind. Man kann auf der Erde sitzen und immer noch Unterricht machen. Aber ohne Bücher und Papier und Stifte? Dafür sollte das wenige Geld zuerst ausgegeben werden. Doch wie sollte man verhindern, dass auch das wieder gestohlen wurde?

Miss Delphine, unsere Klassenlehrerin, hatte vorgeschlagen, den Schülerrat einzuberufen, um seine Meinung zu hören. Faniswa schlug vor, dass jeder eben immer alles mit nach Hause nehmen und dann selbst für neue Hefte und Bücher sorgen müsse, wenn etwas abhanden käme. Govan widersprach: »Das Gefährliche ist doch gerade der Schulweg! Dann beklauen die Stärkeren die Schwächeren noch öfter, um sich ihr Zeug zu organisieren!«

»Wer beklaut denn hier wen?«, warf Babalwa aufgeregt

ein. »Das sind nicht irgendwelche Einzelnen, das sind eure beschissenen Banden, die sich aufführen wie Profi-Gangster! Und wenn man nur einen davon beim Namen nennt, dann ist man seines Lebens nicht mehr sicher!« Mit den Banden meinte sie Gangs wie die *Iintsara* oder die *Ama 27*, die alle aus einem bestimmten Gebiet von Guguletu kamen.

Wie die meisten anderen endete auch diese Versammlung des Schülerrats mit wildem Geschrei und einer verbissen vor sich hinschauenden Miss Delphine, die beharrlich behauptete, dass es an uns selbst läge, ob sich an dem ganzen Schlamassel etwas ändert, und an niemandem sonst.

Als ich an jenem Nachmittag erschöpft nach Hause schlich, achtete ich tatsächlich darauf, nicht ins Gebiet der *Iintsara* zu geraten, die mit den schwächeren *Amaqhawe* im Clinch liegen, welche eher auf der Höhe von NY 5 operieren, wo Lindi, Thabang und ich wohnen. Lindi war noch mit Faniswa in der Theater-AG geblieben. Ich hoffte darauf, etwas mit Thabang unternehmen zu können. Von der Straße her rief ich schon seinen Namen: »*Molo, Thabang, unjani* – wie geht's?«

Er schaute aus der offen stehenden Tür des kleinen Hauses, das er mit seiner kranken Mutter und dem jüngeren Bruder Thobile bewohnte, legte einen Finger auf seine Lippen und rief leise: »*Thula* – nicht so laut! Mutter ist endlich eingeschlafen. Die ganze Nacht hat sie gehustet.«

Thabangs Mutter war schon über ein Jahr lang krank. Niemand konnte genau sagen, woran sie litt. Mal war sie erkältet, dann quälte sie wieder wochenlanger Durchfall. Seit gut einem Jahr war Thabang deshalb nicht mehr zur Schule gekommen. Es gab sonst niemanden, der auf die Mutter und den kleinen Bruder aufpasste. Außerdem half er in jeder freien Minute beim Be- und Entladen der Lastwagen auf dem Markt, die Obst und Gemüse aus ländlichen Gebieten brachten. So verdiente er nicht nur ein paar *Rand* hinzu, sondern durfte oft auch am späten Abend Reste, die nicht verkauft worden waren und nicht mehr frisch genug, um wieder eingepackt zu werden, nach Hause mitnehmen.

Thabang winkte mich heran: »Schön, dich zu sehen. Thobile macht nur Scheiß den ganzen Morgen. Im Moment isst er alles, was er in die Hände bekommt – vorhin hat er bestimmt zwei Pfund Pfirsiche verschlungen. Immerhin ist bis jetzt alles drin geblieben!« Thobile strahlte mich an und musste gleichzeitig laut rülpsen.

»Bis jetzt!«, gab ich warnend zurück und wir mussten alle drei lachen. Thobile würde später seinen Lebensunterhalt vermutlich ohnehin im Zirkus verdienen. Seine andere Nummer war die mit Raubtieren: Obwohl er gerade erst fünf geworden war, hatte er kein bisschen Angst vor wilden Katzen oder streunenden Hunden, auch wenn sie dreimal so groß waren wie er. Sein größter Erfolg bisher war eine ausgewachsene Puffotter, die er einmal am Schwanz bis vors Haus zog, ohne dass sie sich mit ihren lebensgefährlichen Giftzähnen gewehrt hatte. Thabangs Mutter wurde ohnmächtig, als sie den stolzen Thobile mit der Giftschlange auf der *stoep* sah. Seinem großen Bruder gelang es, das Reptil durch einen einzigen Treffer mit einem Holzknüppel auf den Kopf in den Schlangenhimmel zu befördern, wobei sich hinterher herausstellte, dass das Tier, vermutlich durch die Kollision mit einem Auto, ohnehin schon angeschlagen war. Thobi selbst heulte trotzdem wie am Spieß, zumal seine Mutter, nachdem sie wieder zu sich gekommen war, darauf bestand, das Vieh in zehn Teile zu hacken und in die Mülltonne zu werfen.

An diesem Nachmittag berichtete ich Thabang ausführlich von allem, was in der Schule vorgefallen war, vor allem von der misslungenen Versammlung des Schülerrats. Jedes Detail wollte er wissen. Wieder wurde mir deutlich, wie sehr Thabang die Schule vermisste. Mir hing der Laden oft zum Hals heraus. Er dagegen träumte davon, wie andere in seinem Alter zur Schule gehen zu können, auch wenn es nur *Forest Hill* war.

Nur einmal wurde seine Mutter zwischendurch wach und bat um etwas Wasser. Sie schien mich gar nicht zu bemerken. Ich erschrak, wie sehr sie in den letzten Wochen abgemagert war, sagte aber nichts. Er hatte schon genug Angst um sie. Wenig später schlief sie schon wieder.

Als es dämmerte, achtete er darauf, dass Thobile trotz der vielen Pfirsiche auch noch seinen *mealie pap* runterwürgte und sich danach zum Schlafen in seine Decke rollte. Erstaunlicherweise geschah das an diesem Abend ohne jeden Protest.

»Vielleicht bringe ich ihm wieder ein paar Pfund Pfirsiche mit«, meinte Thabang grinsend. Dann machte er sich auf den Weg zum Markt. Da fiel mir ein, dass ich Oma versprochen hatte, zwei große Flaschen Bier aus der *shebeen* zu holen, die ungefähr auf halbem Weg zwischen der Schule und unserem Zuhause lag. So ging ich noch mal ein Stück meines vertrauten Schulwegs zurück, mit dem einzigen Unterschied, dass es inzwischen stockdunkel geworden war. Oma hätte mich jetzt vielleicht nicht mehr rausgelassen, aber versprochen ist versprochen, dachte ich. Ein schwerer Fehler, jedenfalls an diesem Abend. Mein Leben wäre anders verlaufen, wenn ich Omas Bierflaschen sausen lassen und erst am nächsten Tag nach der Schule mitgebracht hätte. Wenn, wenn, wenn ...

In der *shebeen* war es um diese Zeit noch ziemlich leer. Hinter der schrottreifen Theke war Auntie Nomsa, die mit ihrer Freundin den Laden schmiss, noch damit beschäftigt, den Boden zu schrubben.

»*Molo, Thina!* Wie viele?«, rief sie freundlich und wischte sich dabei mit einem anderen Lappen den Schweiß aus ihrem runden Gesicht. Aus dem Nebenraum roch es nach frisch angesetztem *umqomboti.* Oma trank lieber Flaschenbier, immer die gleiche Marke.

»Zwei«, antwortete ich fröhlich. Auntie Nomsa verbreitete immer gute Laune und konnte selbst zu später Stunde noch locker mit Trunkenbolden fertig werden. Bei Auntie Nomsa war alles rund, sie wirkte wie eine aus drei verschieden großen Kugeln zusammengesetzte Riesenpuppe oder wie ein schwarzer Schneemann, falls es so etwas jemals gegeben haben sollte, wobei die kurzen Beine unter ihrem dicken Hintern wegen des langen Rocks kaum auffielen. Ihr riesiger Busen formte die zweite Kugel und wie um die Harmonie der drei Kugeln zu vollenden, hatte sie ihre Haare unter einem meist roten Tuch so zusammengebunden, dass auch ihr Kopf wie ein auf den Hals gedrückter, aufgeblasener Ball wirkte.

Sie öffnete den großen alten Kühlschrank und nahm zwei braune Flaschen heraus. Zu bezahlen brauchte ich nicht, weil Oma einmal in der Woche selbst vorbeikommt und dann alles auf einmal abrechnet. Da ich sah, dass sie noch mitten in der Arbeit war, packte ich nur die Flaschen in meine Schultasche und winkte ihr von der Tür aus noch mal zu: »*Sala kakuhle* – mach's gut, Auntie Nomsa!«

»*Hamba kakuhle* – du auch, Thina!«, antwortete sie, wobei sie bereits wieder mit Schrubber und nassem Lappen hinter der Theke verschwunden war. Dann machte ich den zweiten schweren Fehler dieses Abends.

Um schneller nach Hause zu kommen, wählte ich eine Abkürzung zwischen zwei Hauptstraßen, die erst aus einem Pfad zwischen ganz normalen Wohnhäuschen bestand, der dann etwa fünfzig Meter am Rand einer Müllkippe entlangführte, bevor er auf die nächste NY einmündete. Ich war hier bei Tageslicht schon hundertmal durchgegangen und erkannte deshalb trotz der Dunkelheit jede Krümmung des Weges. Was ich nicht bemerkte, waren die drei dunklen Gestalten bei den Müllbergen, die mich offensichtlich schon hatten kommen sehen, als ich noch auf dem Pfad war, der durch die Lichter aus den Häusern abwechselnd schwach erhellt wird.

Bis zuletzt spürte ich nichts Verdächtiges. In Gedanken war ich bei Thabang und seiner Mutter und überlegte, was wir tun müssten, damit er wieder zur Schule gehen könnte. Ob ich Oma bitten sollte, in der Zeit zumindest nach Thobile und der kranken Mutter zu schauen? Aber sie hatte genug mit Mangi und uns anderen Kindern zu tun und wurde außerdem selbst langsam immer gebrechlicher. Bevor ich zu einem Entschluss gekommen war, hörte ich auf dem dunkelsten Stück des Wegs plötzlich links neben mir etwas knacken und sprang erschrocken einen Meter zur Seite, weil ich dachte, dass ich vielleicht einen hungrigen Köter gestört hatte, der im Müll nach Fressbarem suchte.

Beinah im gleichen Augenblick tauchten drei finstere Typen vor mir auf, von denen mich zwei an den Armen packten und der Dritte mir meine Schultasche herunterriss. Bevor ich um Hilfe rufen konnte, hatte mir einer von ihnen ein Tuch in den Mund gestopft, das er mit einem weiteren Stück Stoff grob hinter meinem Kopf festzerrte. »*Yithi cwaka!* – Bleib ruhig!«, zischte mir derselbe Typ ins Ohr. Ich roch *thinner* in seinem Atem. Zuerst dachte ich wirklich nur: Verdammt, jetzt sind die neuen Schulbücher schon am ersten Tag weg und dann auch noch Omas Bier! Da erst wurde mir klar, dass es darum gar nicht ging.

Ohne dass ich etwas dagegen tun konnte, zerrten sie mich von dem Pfad in das Müllgelände hinein. Ich stolperte, wurde aber sofort wieder hochgerissen und weiter über zwei oder drei Hügel bis zu einer Mulde geschleppt, die sie offensichtlich vorbereitet hatten. Soweit ich etwas erkennen konnte, lag dort eine löchrige Decke ausgebreitet.

Nachdem einer von ihnen, der Kleinste, die Tasche durchsucht und ausgekippt und die Bücher und Hefte achtlos weggeschmissen hatte, hielt er den beiden anderen stolz die Bierflaschen vor die Nase. Einer von denen, die mich festhielten, öffnete sie mit den Zähnen und spuckte den Korken vor sich aus. Er nahm einen langen Schluck und reichte sie an seinen Kumpan weiter. Auch der setzte die Flasche an den Hals und ließ seinen Mund volllaufen.

Die ganze Zeit hatten sie kein Wort miteinander geredet. Plötzlich fühlte ich, wie der Zweite seinen Mund an meinen Hals setzte und das Bier über meinen Hals und Rücken wieder herauslaufen ließ. Ich zuckte vor Ekel und Entsetzen, weil mir plötzlich klar wurde, dass die drei es überhaupt nicht auf meine Tasche, mein Geld oder sonst irgendwelche Werte abgesehen hatten. Die wollten mich!

Ich war zwar erst vierzehn, gehörte jedoch zu den kräftigsten Mädchen der Klasse. In wilder Panik begann ich nun um mich zu treten und schaffte es sogar, einem der Typen neben mir gegen das Knie zu treten. Er schrie vor Schmerz auf und lockerte für eine Sekunde den Griff an meinem Arm. Ich riss meine Hand frei und versuchte ihm mit den Fingern in die Augen zu stechen. Mir war klar, dass es jetzt um alles ging! Doch bevor ich wirklich etwas ausrichten konnte, trat mir der Kleinste von hinten so zwischen die Beine, dass ich der Länge nach hinschlug. Der andere Junge, der die ganze Zeit meinen anderen Arm gepackt hatte, ging dabei mit zu Boden. Beinah im gleichen Moment stürzte sich der Dritte dazu und in weniger als einer Minute hatten sie mit einem groben Strick meine Arme sowohl an den Ellbogen als auch den Handgelenken über meinem Kopf zusammengebunden, sodass mir vor Schmerz Tränen in die Augen schossen. Oh Gott, warum ich? Warum, warum, warum?

Meine Bluse war während des Kampfes an zwei Stellen tief eingerissen. Voller Entsetzen bemerkte ich, dass meine Brüste, die damals gerade erst zu wachsen begonnen hatten, frei lagen, frei vor den Augen dieser widerlichen Kerle, die selbst nicht viel älter als ich sein konnten, vielleicht drei oder vier Jahre, der Jüngste höchstens so alt wie ich. Ohne dass ich noch etwas dagegen tun konnte, rissen sie mir auch meinen Rock und meine Unterwäsche weg. Dann knöpfte sich der Größte von ihnen die Hose auf und warf sich so hart auf mich, dass ich spürte, wie sich mehrere spitze Gegenstände durch die alte Decke in meinen Rücken bohrten, bevor ein

stechender Schmerz in meinem Unterleib alles andere aus-
löschte.

Durch das eklige Tuch in meinem Mund konnte ich
kaum atmen, geschweige denn schreien, mein Kopf schlug
wie von selbst nach links und rechts und ein nicht zu unter-
drückender Würgereiz in meinem Hals drohte mir das Be-
wusstsein zu nehmen. All dies schien Ewigkeiten zu dauern,
der stechende Schmerz breitete sich über den ganzen Körper
aus. Irgendwann war ich nur noch ein einziger wahnsinniger
Schmerz.

Endlich ließ der erste Junge von mir ab und erhob sich,
schwer atmend, wobei er sich brutal auf meinen Brüsten ab-
stützte. Sofort drehte ich mich zur Seite und versuchte mich
zusammenzurollen, um den erniedrigenden Blicken zu entge-
hen. Da packten sie mich erneut und zerrten mich wieder in
Rückenlage.

Nun streifte der zweite größere Junge seine Hose ab und
beugte sich über mich. Ich erinnere mich nicht mehr, wie er
in mich eindrang. Was ich niemals vergessen werde ist, wie
sich sein Gesicht dem meinen näherte, als wolle er mich küssen. Niemals werde ich seinen widerlichen Atem vergessen,
eine auffallende Zahnlücke zwischen seinen Schneidezähnen
und seine vor Erregung weit aufgerissenen Augen, in denen
ich das Weiße deutlich erkennen konnte.

Aus Angst vor seiner Berührung bewegte ich meinen
Kopf so wild nach beiden Seiten, dass ich dabei wohl gegen einen Stein oder Felsbrocken geschlagen sein muss. Im
gleichen Moment wurde mir schwarz vor Augen, kein Gefühl mehr, kein Schmerz, nur noch ein tiefer dunkler Ab-
grund ...

Als ich wieder zu mir kam, war ich allein. Alles war weg, alles. Die drei Jungen, meine Schultasche samt Inhalt, meine Kleidung, selbst die alte Decke hatten sie mitgenommen. Völlig nackt lag ich inmitten des stinkenden Mülls und ... fühlte nichts. Selbst der Schmerz war nur zu einer dumpf pochenden Wahrnehmung geworden, die genauso gut zu jemand anderem gehört haben könnte. Erst als ich mich bewegen wollte, wurde die Betäubung durch mehrere Schmerzblitze durchbrochen, die vor allem an den Ellbogen und Handgelenken, den Brüsten und zwischen den Beinen explodierten. Meine Arme waren nicht mehr gefesselt. Der Strick, mit dem sie gebunden waren, blieb das einzige Indiz, das ich wenig später neben meinem Kopf entdeckte. Der einzige Beweis, dass nicht alles einem unglaublichen Albtraum entsprungen war.

Wie ich nach Hause gekommen bin, daran kann ich mich bis heute nicht genau erinnern. Obwohl es von der Müllkippe bis zu uns fast ein Kilometer ist und ich barfuß und nur mit einem dreckigen Lappen um die Schultern, den ich neben mir im Müll gefunden hatte, durch die dunklen Straßen gehumpelt bin, hat mich niemand angehalten oder mir Hilfe angeboten. Wahrscheinlich glich ich eher einem schemenhaften Geist als einem Menschen. Als ich um unsere Straßenecke bog, war es Mangi, der mich zuerst erblickte, weil er wegen der Hitze, die drinnen herrschte, vor dem Haus auf der *stoep* saß. Er sprang auf und lief auf mich zu. Erst als er unmittelbar vor mir stand und mich voller Entsetzen aus großen traurigen Augen anschaute, ließ ich mich in seine starken Arme fallen und begann schrecklich zu weinen, ein Schluchzen, das dauerte, bis ich ein oder zwei Stunden später in Schlaf fiel.

Nur ganz schwach erinnere ich mich, dass Mutter ebenfalls heulte, dass Oma und Mutter sich stritten und anschrien und irgendwann zwischendurch auch Omas *Sangoma* sowie ein Polizist durch unsere Hütte schritten und nach mir schauten. Die ganze Zeit hielt ich Mangis Hand fest, der sich nicht von meiner Seite rührte. Oma erzählte mir später, dass ich zwei Tage hintereinander geschlafen hätte.

Mangaliso blieb Tag und Nacht neben mir. Als ich wieder zu mir kam, war das Erste, wonach ich griff, seine Hand.

uMama kaThabang
Thabangs Mutter

In der dritten Nacht riss mich ein stechender Schmerz im Unterleib aus dem schützenden Dunkel des Schlafes zurück in die Wirklichkeit. Als ich die Augen öffnete, war durch das flackernde Licht einer Kerze nur die unmittelbare Umgebung meines Lagers erhellt. Ich spürte, dass ich dringend aufs Klo musste. Vorsichtig drehte ich meinen Kopf und sah, dass Mutter links von mir auf dem Boden schlief. Oma war auf ihrem alten Holzstuhl zusammengesunken, während Mangaliso gegen ihre Beine gelehnt in Schlaf gefallen sein muss. Im Hintergrund hörte ich leises Schnarchen der anderen Geschwister. Was war geschehen? Warum hatte ich solche Schmerzen? Und wieso brannte mitten in der Nacht eine Kerze?

Alles um mich herum machte einen so friedlichen Eindruck. Nur ganz langsam kehrten die schrecklichen Bilder jenes Abends zurück. Wie böse Fratzen tauchten die Gesichter der beiden älteren Jungen übergroß vor mir auf. Was wusste meine Familie von dem Geschehen? Hatte ich gesprochen, bevor ich in Schlaf gefallen war, oder trug ich das Geheimnis noch allein in mir? Wie schlimm waren meine Verletzungen? Würde ich sterben müssen? Oder war ich etwa schwanger? Oh Gott, schwanger mit vierzehn? Mutter hatte alles getan, damit ich nach der Grundschule auf die *Forest*

Hill gehen durfte. Aber auch, wenn ich nicht schwanger sein sollte: Meine Unschuld war verloren, das war sicher! Die Ehre des ganzen Clans in Gefahr, kaum noch eine *lobola,* einen Brautpreis, für ein Mädchen wie mich. Die schlimmsten Gedanken schossen wie grelle Blitze durch meinen Kopf, hin und her, sich gegenseitig anstoßend und beschleunigend, bis sie sich zu einer glühenden Kugel formten, die in einem einzigen Schrei aus mir herausschoss: »*Hayiiiii!* – Neiiiin!«

Sofort fuhren alle anderen im Raum auf. Mutter sprang auf die Füße, Mangi zog in einem Reflex seine Hand aus meiner und Oma schüttelte ihren Kopf, um schneller wach zu werden. Auch die jüngeren Geschwister hatten sich aus ihren Decken gerollt, rieben sich die Augen und blinzelten unsicher zu mir her. Mit aller Kraft richtete ich mich auf und stützte mich dabei mit beiden Armen ab, um aus dem Bett hochzukommen. Mir war schwindlig. Meine Beine fühlten sich so steif und schwach an, dass ich fürchtete, sie würden einknicken. Es war wieder Mangaliso, der als Erster neben mir war und mich aufrecht hielt. »Zum Klo!«, stöhnte ich leise.

Er hielt einen Arm fest um mich geschlungen, bis wir den kleinen Anbau hinterm Haus erreicht hatten. Da es dort kein Licht gab und der Mond hinter Wolken verschwunden war, konnte ich meinen Körper nicht wirklich untersuchen. Ich fühlte jedoch deutliche Schwellungen im Gesicht, an beiden Brüsten und zwischen den Beinen. Mein Urin brannte wie ätzende Säure. Ich biss mir auf die Lippen, um nicht erneut aufzuschreien. Von drinnen vernahm ich Mutters lautes Schluchzen. Als ich die Klotür öffnete, hielt sich Mangaliso die Ohren zu und warf mir dabei einen Blick zu, als wolle er sagen: Nicht hinhören! Dann half er mir zurück ins Zimmer zu den anderen.

Kaum hatte ich mich erschöpft aufs Bett sinken lassen, schnaubte sich Mutter die Nase und trat dicht zu mir heran: »*Ntombi yam* – Meine Tochter, wer hat dir das angetan? Wer war es, sag schon!« Ihre Stimme klang streng wie bei einem Verhör.

Ich schluckte zweimal und stotterte dann: »*Andazi* – ich weiß nicht, Mama ...« Weil sie ihre Augenbrauen drohend zusammenzog, fügte ich noch wie entschuldigend hinzu: »Es war so dunkel. Ich konnte die Gesichter kaum erkennen. Einer hatte eine Zahnlücke, aber gesehen habe ich beide niemals vorher ...«

Sie wandte sich abrupt von mir ab und rief in den Raum: »Wie konnte das nur geschehen? Wo warst du bloß um diese Zeit? Thabang hat gesagt, du seist lange vorher von ihm weggegangen!«

Wieder schüttelte Oma den Kopf, jetzt mehr aus Unwillen gegenüber ihrer eigenen Tochter. Dann beugte sie sich zu mir vor, legte eine Hand auf meine Stirn und fragte ruhig und mit warmer Stimme: »Willst du etwas trinken, Thina?«

Dankbar nickte ich und schloss die Augen. Was warf Mutter mir vor? Ich hatte mich doch bei der Müllkippe nicht herumgetrieben, sondern nur auf schnellstem Weg nach Hause gewollt! Zum Glück schien Mutter zu dieser nächtlichen Stunde selbst zu erschöpft, um weiter in mich zu dringen. Morgen nach der Arbeit würde sie alles, aber auch alles, wissen wollen, meinte sie, bevor sie sich in ihrer Ecke des Raums niederlegte. Und schließlich fügte sie noch hinzu: »Bis dahin denk gut über alles nach, Thina!«

Allmählich kamen auch meine Geschwister, die aufgeregt miteinander geflüstert hatten, wieder zur Ruhe. Oma löschte als Letzte die Kerze.

Am nächsten Tag, nachdem Mutter zum ersten Mal seit jenem Abend wieder das Haus verlassen hatte, berichtete Oma alles, was sie bis jetzt herausbekommen hatten: Der Polizist, den Mutter sofort gerufen hatte, war bei Thabang gewesen und hatte dort erfahren, wann ich von ihm aufgebrochen war. Es war Omas Idee gewesen, bei Auntie Nomsa nachzufragen, ob ich dort aufgetaucht sei. Da ich von ihr mit den beiden Flaschen weggegangen war, hatte man vermutet, dass ich auf dem Weg von dort nach Hause überfallen worden sein muss. Oma und ihr *Sangoma* hatten mich noch am gleichen Abend untersucht und die schlimmste Befürchtung bestätigt, dass ich mit großer Brutalität vergewaltigt worden sei. Weitere gefährliche, gar lebensgefährliche Verletzungen hatte er während dieser ersten Untersuchung nicht finden können. Es bliebe nun abzuwarten, ob ich schwanger werden würde oder die Kerle mir sonst irgendeine Krankheit angehängt hätten. »Sonst irgendeine« sagte Oma wörtlich und dabei beließen wir es vorerst. Ich wollte gar nicht wissen, was sich dahinter im Einzelnen alles verbergen mochte.

Auch als Thabang mich am Nachmittag des gleichen Tages besuchte, sagte ich wenig und wollte noch weniger wissen. Er war zornig und versuchte wie Mutter herauszubekommen, wer hinter der Tat steckte. Aufgeregt fragte er mich: »Was war das für ein Mistkerl, der dir alle Schulsachen geklaut hat, gerade an dem Tag, als ihr die Versammlung hattet?« Einen Moment sah ich erstaunt auf. Nur einen Moment. Dann ahnte ich, was hinter seinen Vermutungen steckte: War es Oma und Mutter tatsächlich gelungen, den *Sangoma* zum Stillschweigen zu bekommen über die eigentliche Tat? Selbst wenn niemand half, ein Verbrechen aufzuklären oder zu verhindern, war die Neugier bei den meisten Menschen in Guguletu doch so groß, dass man glauben musste, alle Wände hätten Ohren. Ein Geheimnis blieb hier selten lange ein Geheimnis.

Unsicher murmelte ich nur, dass ich im Dunkeln niemanden hatte erkennen können. Thabang schlug sich gegen die Stirn: »Das waren die *Iintsara*, ganz sicher. Die wagen sich immer öfter in unser Gebiet und natürlich greifen sie dann zuerst Mädchen an, diese feigen Hunde!« Immer mehr steigerte er sich in seine Theorie hinein, ohne dass ich etwas beizutragen brauchte. »Wissen deine Mitschüler schon davon? Soll ich deine Klassenlehrerin informieren? Die sollten wissen, wo es auf dem Schulweg gefährlich ist, meinst du nicht?«

Ich nickte und stammelte etwas wie: »*Ndidiniwe* – ich bin müde, Thabang, verzeih ...« Es fiel mir schwer, meinem besten Freund gegenüber nicht ehrlich zu sein. Gleichzeitig war mir klar, dass Mutter und Oma alles versuchten, um den guten Namen des Clans, der Familie und meiner selbst zu verteidigen, und dass ich kein Recht hatte, das in Frage zu stellen. Sollten die Täter nicht überführt werden und damit meine Schuldlosigkeit eindeutig bewiesen werden können, dann sprach einiges dafür, die ganze Angelegenheit zu vertuschen und eben darauf zu hoffen, dass ich nicht schwanger werden würde.

Thabang wollte trotzdem noch alle Einzelheiten über Aussehen und Anzahl der Täter und den genauen Ablauf und Ort der Tat wissen. Ich blieb ziemlich undeutlich und fragte schließlich, um ihn abzulenken, wie es seiner Mutter ging. Sofort veränderte sich sein detektivischer Eifer. Sein Blick wurde ernst und nach einem tiefen Atemzug sagte er: »Ich hatte es dir gerade heute nicht sagen wollen, aber mit unserer Mutter geht es zu Ende. Die neue Sozialarbeiterin hat sie vor ein paar Tagen überreden können, einen Bluttest zu machen. Das Ergebnis ist ...« Es war, als wäre das Wort zu schlimm, um es auszusprechen. Er beugte sich ganz dicht zu mir und flüsterte dann: »Thina, ich habe niemanden, dem ich das sagen kann. Thobile ist noch viel zu klein. Es ist jene Krankheit, die angeblich schon so viele haben und über die niemand spricht, weil sie vor allem durch Sex übertragen wird. Kannst du schweigen?«

Stumm nickte ich. Längst ahnte ich, was er sagen würde. Kaum hörbar flüsterte Thabang mir zu: »Mutter hat *ugawulayo* – AIDS!«

»Mein Gott, Thabang ...«, stieß ich zwischen zusammengepressten Zähnen hervor. Mein Entsetzen war nicht gespielt und galt gleichermaßen dem Schicksal von ihm, seiner Mutter und – wie mir mit einem Schlag klar wurde – möglicherweise auch von mir! Die Angst legte sich wie ein eiserner Ring um meinen Hals. Miss Delphine hatte uns vor einem halben Jahr in der Schule genau erklärt, wie man sich mit dem tödlichen HIV-Virus infizieren kann, das früher oder später zum Ausbruch von AIDS führt. Ein Wort hatte sie dabei gebraucht, das ich erst gar nicht genau kapiert hatte: *Ungeschützter Geschlechtsverkehr.* Das sei am gefährlichsten!

Noch in der letzten Nacht hatte ich mich nur vor einer möglichen Schwangerschaft gefürchtet. Mutter und Oma waren vor allem mit der Familienschande beschäftigt. Aber die größte Gefahr hatte keiner von uns benannt: eine Infektion mit HIV! Sogar zweimal war ich vergewaltigt worden, und dass auch nur einer der beiden ein Kondom benutzt haben könnte, war nicht im Geringsten zu hoffen. Warum sollten sie? Dass das, was sie taten, ein Verbrechen war, musste ihnen ohnehin klar gewesen sein. Aber vielleicht waren sie ja selbst nicht infiziert? Immerhin waren sie noch ziemlich jung.

»Mama ist seit heute Morgen nicht mehr ansprechbar. Seit du bei uns warst, bekomme ich sie nicht mehr dazu, etwas zu trinken oder zu essen ...«, fuhr Thabang traurig fort, ohne zu merken, dass ich mit meinen eigenen Sorgen weit weg war. Wie hätte ich ihm in dieser Situation mehr von mir sagen können? Außerdem waren das bis jetzt alles nur unbewiesene Ängste. Vielleicht hatte ich doch einmal in meinem Leben Glück. Nicht schwanger, nicht infiziert ... bitte, lieber Gott, bitte, bitte!!

Thabang ging wenig später, selbst ratlos und tief besorgt, ohne dass wir einander hatten trösten können.

An diesem Abend kam Mutter so spät von der Arbeit, dass sie es nicht über sich brachte, mich aufzuwecken. So war es auch am folgenden Abend. Ich war erleichtert darüber und stellte mich auch am nächsten Morgen noch schlafend, obwohl ich durch ihre Vorbereitungen für den Tag längst wach geworden war. Aber ich wollte das drohende Gespräch so lange wie möglich vermeiden. Wenn ich nur erst wieder kräftiger wäre, würde ich ihren Vorwürfen besser standhalten können.

Oma, Mangi und die kleineren Geschwister behandelten mich die ganze Zeit mit viel Wärme und Aufmerksamkeit, steckten mir Leckerbissen zu und sorgten dafür, dass die Wasserflasche neben meinem Bett immer frisch gefüllt war. Auch Lindi schaute mit ihrer Mutter vorbei und brachte Obst. Es war deutlich, dass sie ebenfalls nur über den Diebstahl meiner Schulsachen und meine äußeren Verletzungen informiert waren. »*Oh Thixo,* es ist wirklich schlimm geworden!«, meinte Lindis Mutter. »Noch schlimmer als früher, als zumindest klar war, vor wem man Angst haben muss und vor wem nicht.«

Ich wunderte mich, dass Thabang seit jenem ersten Tag nicht mal mehr auf einen Sprung vorbeigekommen war, und vermutete, dass ihm die Sorge um seine Mutter keine freie Minute ließ. Solche Zeiten, wo die Mutter ihn rund um die Uhr brauchte, hatte es immer wieder gegeben im letzten Jahr. Erst am späten Abend sollte ich erfahren, dass ihn ein viel schlimmerer Grund abgehalten hatte, mich zu sehen.

Gerade hatte ich mich erhoben, um mir ein sauberes T-Shirt überzustreifen, als Oma die Gardine wegschob und mich zu sich winkte: »*Yiz'apha* – komm her, Thina! Da steht eine vornehme Frau mit einem weißen Jungen vor unserem Zaun!«

Sofort lief ich hin und schielte ebenfalls vorsichtig durch den Vorhang. Mit einem Freudenschrei machte ich einen Schritt zur Tür und riss sie weit auf: »*Molo,* Miss Delphine, *goeiemiddag,* Henk!«, rief ich begeistert. Zu Oma sagte ich: »Das ist meine Lehrerin – und ein Schüler aus der Theater-AG!«

Ausführlich begrüßte Miss Delphine erst Oma, dann Oma umgekehrt Miss Delphine. Ich war froh, dass Miss Delphine, obwohl sie aus dem Wohngebiet der Farbigen kam, doch wusste, wie wichtig es bei uns vor allem anderen ist, erst älteren Menschen ausführlich Achtung zu erweisen und sich nach ihrem Befinden zu erkundigen, bevor man zum eigentlichen Anlass seines Besuchs kommt. Schließlich wurde auch Henk vorgestellt, der zwar kein Wort *isiXhosa* sprach, aber doch einfühlsam genug war zu warten, bis dieses Ritual beendet war. Stolz bot Oma ihren Stuhl Miss Delphine zum Sitzen an.

Eine besondere Überraschung war zweifellos, dass Henk mitgekommen war. Noch immer war es eine Seltenheit, dass außer der Polizei und ein paar Arbeitgebern, die morgens an zwei Kreuzungen Tagelöhner mit Kleinbussen einsammelten, überhaupt Weiße in Gugs auftauchten. Sicher gab es auch Zeiten, in denen dies nicht anzuraten war. Henk ging auch nicht in unsere Schule, sondern besuchte eine überwiegend weiße Schule in Newlands. Erst seit ein paar Wochen gab es eine Art Partnerschaft zwischen seiner Schule und *Forest Hill*, wobei sich auch unsere gemischte Theatergruppe gebildet hatte. Lindi und ich waren vom ersten Tag an dabei gewesen. »Theater ist besser als Sport!«, hatte Lindi, die jede Art von Wettkampf hasste, nach einem Blick ins Programm gemeint.

Am Anfang war es ziemlich eigenartig gewesen, mit weißen Kids etwas zu unternehmen. Würden wir uns überhaupt verstehen können? Dachten die nicht immer noch, sie seien was Besseres als wir? Und waren nicht wir umgekehrt überzeugt, dass die meisten Weißen arrogante Rassisten sind? Die Verständigung war im Prinzip nicht das Problem, denn alle sprachen mehr oder weniger Englisch. Ansonsten waren einige einfach nett und ziemlich ähnlich drauf wie wir, hatten den gleichen Stress mit ihren Eltern und all so was. Andere blieben noch lange in ihren jeweiligen Gruppen, redeten dann entweder Afrikaans oder Xhosa und kicherten über die anderen, was natürlich nicht so gut ankam. Henk war einer der Ersten, der sich echt für uns interessierte, das heißt, um genauer zu sein, für Lindi und mich. Um noch genauer zu sein: mehr für Lindi als für mich. Bisher hatte sie ihn voll abblitzen lassen, was ihm aber nichts auszumachen schien. Für einen weißen Jungen sah er ziemlich gut aus, sportlich, kurze dunkle Haare und ein sympathisches Lachen, aber er war eben weiß und das blieb für uns vorläufig ein absolutes Tabu.

Was hatte Henk und Miss Delphine dazu gebracht, zu mir zu kommen? Nachdem Oma jedem eine Tasse Tee eingeschenkt hatte, rückte Miss Delphine endlich mit der Sprache heraus: »Thina, von Lindi wissen wir, dass du nach dem brutalen Überfall zum Glück noch mal mit dem Schrecken davongekommen bist ...« Ich sagte nichts und wartete ab, worauf sie hinauswollte. »Trotzdem wurde gleich am nächsten Tag eine erneute Versammlung unseres Schülerrats einberufen, bei dem auch ein paar Schüler aus Newlands dabei waren. Henk hatte die Idee, ein Straßentheaterstück gegen Gewalt zu schreiben und einzustudieren. Jeder von uns hat wohl schon eigene Erfahrungen mit Gewalt gemacht. Dein Erlebnis ist nun aber der aktuellste Vorfall. Dazu kommt, dass es Jugendliche waren, die dich beraubt haben ...« Sie schaute zu Henk und nickte ihm ermunternd zu.

»*You see,* Thina«, begann er unsicher, »wir wollen dich fragen, ob du uns genau berichten kannst, was geschehen ist. Das wollen wir dann als Grundlage für unser neues Stück nehmen. Jeder weiß dann, dass dies nicht irgendeine ausgedachte Geschichte ist, sondern etwas, was hier und heute passiert ist. Ein dokumentarisches Stück. Was hältst du davon?« Erschrocken hielt ich mir eine Hand vor den Mund. War denn die ganze Welt verrückt geworden? Andauernd wurden irgendwo Leute überfallen und beklaut, und ausgerechnet meine Geschichte sollte etwas Besonderes sein? Vor allem: Niemand außer Mutter, Oma, dem *Sangoma* und natürlich den Tätern wusste ja bisher die ganze Wahrheit. Am liebsten wollte ich doch, dass alles ganz schnell in Vergessenheit geriete. Wie konnte ich da auch noch an einem Theaterstück darüber mitmachen? Entschieden schüttelte ich den Kopf: »*No, never* – niemals!«

Oma, die dem Inhalt unseres Gesprächs nicht hatte folgen können, blickte irritiert zu mir. Warum war ich so schroff zu unseren Gästen?

Miss Delphine blieb unbeirrt freundlich: »Natürlich verstehe ich, dass du jetzt erst mal Zeit brauchst, um den Schock zu verarbeiten. Aber es kann auch helfen, mit anderen darüber zu sprechen. Vielleicht lässt du es dir einfach noch mal durch den Kopf gehen?« Bevor ich etwas entgegnen konnte, hatte sie in ihre große Einkaufstasche gegriffen und ein in blaues Papier gewickeltes Päckchen daraus hervorgezogen.

»Lindi hat gesagt, dass Blau deine Lieblingsfarbe ist«, sagte Henk und schob mir mit einem Lächeln das Päckchen herüber. »Wir haben in beiden Schulen gesammelt und von dem Geld haben Miss Delphine und ich das hier gekauft.«

Nur zögernd nahm ich das schwere Päckchen in die Hand und begann es vorsichtig auszupacken. Ich ahnte, was es war, dennoch konnte ich es kaum glauben – tatsächlich: Neue Ausgaben der gestohlenen Schulbücher lagen in meiner Hand, dazu ein paar Schreib- und Rechenhefte und eine nagelneue Federtasche, auch in Blau und viel schöner als die alte, die ich besessen hatte. Oma nickte anerkennend und murmelte: »*Ngumangaliso* ... so eine schöne Überraschung!« Mangi schaute auf, weil er seinen Namen gehört hatte, der ungefähr dasselbe bedeutete.

»*Enkosi, thank you, dankie...!*«, stotterte ich in allen drei Sprachen. Ich war überwältigt von diesem Freundschaftsbeweis meiner Mitschülerinnen und Mitschüler, und natürlich besonders von Miss Delphine und Henk. »Oma hat Recht: Das ist ein wunderbares Geschenk!«

»Hoffentlich kannst du bald wieder zur Schule kommen«, meinte Miss Delphine dann und erhob sich aus Omas Stuhl. Und Henk fügte grinsend hinzu: »Vor allem zur Theater-AG!«

Dann verabschiedeten sie sich von Oma, mir und allen Geschwistern und nahmen auch Mangis Hand, was mich sehr freute, auch wenn er keine sichtbare Reaktion zeigte. Alle standen wir in der Tür und winkten, als beide in Miss Delphines altem Volvo einstiegen und einen Moment später von unserer NY 5 Richtung Klipfontein Road starteten. Oma redete den Rest des Tages von nichts anderem als der klugen *titshalakazi,* die uns mit dem *mlungu*-Jungen besucht hatte.

Auch als Mutter wie immer spät und müde nach Hause kam, war dies das Erste, was sie von Oma hörte. Mutter schaute kurz auf die neuen Bücher, Hefte und die blaue Federtasche und meinte dann schroff: »Deine Zukunft hängt leider nicht allein von den Büchern ab, Thina!« Immerhin fühlte sie dann aber meine Stirn, wobei sie sich dicht zu mir beugte und aufmerksam meine Augen betrachtete. Auch hatte sie mir frisches Obst mitgebracht. »Du siehst etwas besser aus«, meinte sie leise und endlich klang ihre Stimme wieder etwas sanfter. Sie richtete sich auf, ging zur Kochnische und begann dort mit mehreren Töpfen zu hantieren. Wenig später nahmen wir beinah schweigend das Essen am großen Tisch ein.

Erst danach kam sie erneut ganz dicht zu mir und redete leise, aber doch eindringlich auf mich ein: »Thina, du musst dich erinnern, wer das war. Wie sahen sie aus? Was für Kleidung trugen sie? Wie klangen ihre Stimmen?« Ich merkte, dass sie auch nachgedacht hatte und ihr wohl klar geworden war, dass ich ihr nichts bewusst verheimlichte. Dann erklärte sie mir, welche Strategie sie sich überlegt hatte: »Erst in ein paar Wochen werden wir wissen, ob du schwanger bist. Wir müssen uns darauf vorbereiten, um mit denen abzurechnen, die dir das angetan haben. Es ist schlimm, dass dein Vater nicht mehr da ist, aber deine Onkel werden für dich kämpfen, wenn es sein muss.«

»Mama«, versuchte ich ihren Redeschwall zu unterbrechen, »bitte alarmiere noch nicht die ganze Familie.« Mir graute davor, dass alle möglichen Familienangehörigen ihre Meinung über mich abgeben würden und unter Umständen zu einer Entscheidung kämen, der ich mich absolut zu unterwerfen hätte. »Bitte, Mama, lass uns erst abwarten, was geschieht ...«

Bevor sie etwas entgegnen konnte, hörten wir ein schwaches Klopfen an unserer Tür. Wer konnte das zu so später Stunde sein? Oma, Mangi und alle Geschwister waren im Haus und draußen herrschte bereits tiefe Dunkelheit.

»*Ngubani lowo* – wer ist dort?«, rief Mutter.

Wieder das Klopfen. Dann die vertraute Stimme meines besten Freundes, die gleichzeitig fremd und ungewöhnlich erschöpft klang: »*Ndim, uThabang* – ich bin's, Thabang!«

Mutter zog von innen den Riegel zur Seite und öffnete die Tür. Schwaches Licht fiel auf Thabang, der mit dem kleinen Thobile an der Hand wie versteinert im Türrahmen stand.

»Warum kommt ihr nicht herein?«, fragte Mutter und winkte sie ins Haus. Doch keiner von beiden rührte sich. Thobi liefen Tränen über seine runden Wangen, Thabang starrte vor sich auf den Boden. Ohne dass sie etwas erklären mussten, ahnte jeder von uns, was geschehen war.

»Mama ...«, flüsterte Thabang und bewegte sich noch immer nicht von der Stelle.

Mutter legte einen Arm um seine Schulter, während Oma den kleinen Thobi hereinzog. »Gerade eben?«, fragte sie genauso leise zurück. Thabang nickte und machte dann seinem Schmerz mit einem so lauten und schrecklichen Schrei Luft, wie ich ihn noch nie von einem Menschen gehört hatte.

Wir weinten alle. Obwohl ich mich noch immer schwach fühlte, zog ich mir doch eine Jacke über und begleitete Mutter und Thabang zurück zum Totenhaus. Oma und Mangi kümmerten sich um Thobile.

In Thabangs Hütte, die er in all den Monaten ganz allein in vorbildlicher Ordnung gehalten hatte, herrschte ein fürchterliches Drunter und Drüber, sodass wir Thabangs tote Mutter erst beinah gar nicht sahen unter den vielen Tüchern, die er über sie gedeckt hatte. Ich wagte nicht sie zu berühren. Ihr Gesicht war nur noch Haut und Knochen, ihre Augen waren tief eingefallen und auf dem Kopf hatte sie mehrere kahle Stellen. Und doch kniete Thabang erneut neben ihr, flüsterte ihr etwas zu, was wir nicht verstanden, und küsste ihre Hände, bevor er sie über ihrem Bauch ineinander faltete.

Dann sagte Mutter etwas, was mich zusammenzucken ließ, weil ich bis dahin gedacht hatte, dass es außer Thabang, der Sozialarbeiterin und mir niemand wusste. Sie sagte es wohl auch mehr zu sich selbst und ich kann bis heute nicht sagen, ob ihr klar war, dass ich nicht nur die Worte hörte, sondern auch deren Sinn sofort verstand: »Es werden immer mehr«, murmelte sie. »Immer mehr sterben wegen dieser elenden Krankheit.«

Diese Nacht blieb Thabang allein bei seiner toten Mutter. Er bestand darauf, nachdem wir ihm versprochen hatten, uns um Thobile zu kümmern. In den folgenden Tagen verkaufte er alles, was sich von ihrem kleinen Haus noch zu Geld machen ließ, um für seine Mutter zumindest eine einfache Beerdigung bezahlen zu können. Ich war traurig, dass so wenige Menschen kamen, nicht mal die direkten Nachbarn. War es wirklich nur, weil sich inzwischen herumgesprochen hatte, woran sie gestorben war?

Seit jener Todesnacht war Thabang verändert. Keinerlei Gefühle ließ er in den schweren Tagen, die folgten, erkennen. Mehrmals versuchte ich ihn zu trösten, aber meine Worte erreichten ihn nicht. Als ich nach der Beerdigung meine Hand auf seine Schulter legen wollte, zuckte er zusammen, als hätte ich ihn verbrannt, und trat einen Schritt zurück, ohne mich anzuschauen. Er wollte mit Thobile noch eine Weile an ihrem Grab bleiben und bat Oma und mich, schon nach Hause vorzugehen.

Mutter hatte noch nicht zugestimmt, dass die beiden Jungen auf Dauer bei uns bleiben konnten. Ihr früheres Haus war inzwischen völlig leer und würde in Kürze von einer neuen Familie bezogen werden. Aber ich war sicher, dass ich Mutters Einwilligung noch bekommen würde.

Dann jedoch kam alles anders, als selbst ich, die ich doch glaubte, Thabangs beste Freundin zu sein, mir hatte vorstellen können. Weder Thabang noch Thobile kamen an jenem Abend nach der Beerdigung zu uns. Bis lange nach Mitternacht ließ Oma eine Kerze brennen. Bis zum Morgengrauen blieb ich wach und hoffte auf das Klopfen der beiden an der Tür. Als es hell genug war, lief ich allein zum Friedhof. Niemand war mehr bei jenem Grab zu sehen, dessen frische Erde noch feucht vom Tau war. Keine Spur von Thabang oder seinem kleinen Bruder. Voller Schmerz kniete ich neben der rotbraunen Erde nieder. Mehr noch als bei der Beerdigung ließ ich jetzt meinen Tränen freien Lauf. Wo war er, mein bester Freund? *Uphi na,* Thabang, wo?

Nceda, hayi ugawulayo!
Bloß nicht AIDS!

Auch die folgenden zwei Wochen blieben Thabang und Thobile verschwunden. Niemand hatte sie mehr in unserer Gegend gesehen. Angeblich arbeitete ihr Vater irgendwo in den Minen in der Nähe Sowetos, aber das war unendlich weit weg und Thabang hatte ihn zuletzt kurz nach Thobiles Geburt gesehen. Das bisschen Geld, das sie durch den Verkauf der paar Habseligkeiten bekommen hatten, war längst für die Beerdigung ausgegeben. Niemals hätten sie zwei Bahntickets nach Soweto bezahlen können. Soviel ich auch grübelte, ich hatte keine Idee, wohin sie gegangen sein könnten.

Ab und zu strich ich in der Nähe ihres alten Hauses herum, in das längst eine junge Familie mit drei kleinen Kindern eingezogen war. Ein älterer Nachbar, den ich nur vom Sehen kannte, schaute jedes Mal argwöhnisch drein, wenn er mich sah. Einmal, an einem Sonntag, schnauzte er mich an: »Was willst du noch hier? War das etwa ein *umhlobo wakho*, ein Freund von dir? Weißt du denn nicht, dass die Mutter an der Krankheit des Bösen, die alle Bäume fällt, verreckt ist?«

Erschrocken über seinen Hass, zog ich die Schultern hoch und entgegnete: »Na und? Was ist daran so schlimm?«

Da erst legte er richtig los: »Sie hat sich mit Männern herumgetrieben. Wovon sonst hat sie das bekommen? Eine Strafe für ihre Sünden war es, ganz sicher ...«

Das wollte ich nicht auf ihr sitzen lassen. »Wie können Sie so über Thabangs Mutter reden? Seit Jahren schon war ihr Mann nicht mehr hier. Ganz allein hat sie für die beiden Kinder gesorgt. Und haben Sie nicht mitbekommen, wie sehr Thabang sich um seine Mutter gekümmert hat?«

Höhnisch verzog der Alte den Mund: »Ha! Bestimmt sind die Kinder längst auch vergiftet von dieser Krankheit aller bösen Geister! Warum haben die sich denn sofort aus dem Staub gemacht?«

Am liebsten hätte ich ihn angeschrien und gerufen: Weil es nicht auszuhalten ist, so einen Idioten wie Sie zum Nachbarn zu haben! Aber so was geht gegenüber einem Älteren bei uns einfach nicht. Also hielt ich zumindest seinem Blick noch einen Moment stand und drehte mich dann grußlos um.

Auf dem Nachhauseweg fühlte ich ein leichtes Ziehen im Unterleib, das stärker wurde, je näher ich unserer Straße kam. Mutter und Oma standen in ihren Sonntagskleidern vorm Haus. Sie waren wohl nach der Kirche noch bei Nachbarn gewesen. Und warteten nun, in ein Gespräch vertieft, im Schatten bei der Haustür. Sie bemerkten mich erst, als ich unmittelbar vor ihnen stand.

»Was nicht in Ordnung?«, fragte Oma. Mutter musterte mich nervös.

Ich schüttelte nur den Kopf und lief an ihnen vorbei zum Klo hinterm Haus. Dort zog ich meine Hose runter und – Entwarnung ... Halleluja! Meine Regel hatte eingesetzt, ich war nicht schwanger! Erleichtert stieß ich die Klotür auf und stürmte zu Mutter und Oma mit der guten Nachricht.

Oma strahlte und Mutter rief triumphierend: »Siehst du, alles ist wieder gut! Der Herrgott hat meine Gebete erhört!«

Sie hatte also auch auf den lieben Gott gesetzt, genau wie ich. Ob sie auch dafür gebetet hatte, dass ich nicht HIV-infiziert sei? Jedenfalls ließ sie sich nichts anmerken und betonte mehrfach, dass ›das Schlimmste‹ nun überstanden sei. Ich wagte nicht, ihre vorgebliche Sicherheit in Frage zu stellen. Am nächsten Tag sollte ich auf jeden Fall wieder zur Schule gehen, meinte sie.

In der Nacht vor meiner Rückkehr in die Schule schlief ich trotz aller Vorfreude schlecht und wachte mehrmals nass geschwitzt auf, weil mich alle möglichen Albträume quälten. Die meisten waren so verrückt, dass ich sie zum Glück sofort wieder vergessen konnte. Nur einer blieb noch lange in meiner Seele hängen, so sehr ich mich auch bemühte, die Bilder zu vertreiben. Obwohl ich seit dem Vorfall selbst am Tage immer einen großen Bogen um die Müllkippe gemacht hatte, war es dieser schlimme Traum, der mich in der Phantasie zu jenem Tatort zurückzwang:

Er begann mit jenem alten Nachbarn Thabangs, dessen fluchende Worte sich wie Schlingpflanzen aus seinem Mund entrollten und sich dabei auf mich zubewegten. Klebrig und doch stramm legten sie sich um meinen nackten Körper, sodass ich mich schließlich kaum noch bewegen konnte. Dann zerrte er mich an diesen gummiartigen Seilen zurück zu den Müllbergen, obwohl ich immer wieder vergeblich meine Füße in die Erde stemmte, um ihn daran zu hindern. Dort angekommen, wuchs er mit einem Mal zu einer riesenhaften Gestalt, bestimmt zwanzig Meter hoch, sodass ich kaum noch sein Gesicht von unten erkennen konnte. Plötzlich zog er an den schleimigen Gummiseilen und ich schleuderte wie durch ein Katapult nach oben. Ich flog an seinem Gesicht vorbei, das zu einer schrecklichen Grimasse mit einer bedrohlichen Zahnlücke zwischen den Schneidezähnen mutiert war, selbst den Atem des ersten Jungen, der mich vergewaltigt hatte, konnte ich riechen. Als ich am höchsten Punkt angekommen war, kappte er alle Seile und ich sauste nach unten, raste an seinem widerlich stinkenden Körper vorbei, immer schneller, in meinen Ohren rauschte die Luft und schon war ich bei seinen Knien angekommen, unter mir konnte ich bereits die zerrissene Decke erkennen, jeden Moment musste ich hart aufschlagen und zwischen altem Plastik und Blech zerschellen ... als ich mit letzter Kraft doch noch die Augen aufreißen konnte und mir die Faust in den Mund drückte, um nicht zu schreien und die anderen aufzuwecken.

Mit niemandem sprach ich über diesen Traum.

Mein erster Schultag danach war wie die Rückkehr in eine andere Welt. Dort schien alles unverändert, harmlos, unbeschwert im Vergleich zu dem, was ich erlebt hatte, obwohl *Forest Hill* nun wirklich kein Rosengarten war. Als ich in unseren Klassenraum kam, waren die meisten anderen schon da. Sofort sprang Lindi auf und rief auf Englisch: »*Welcome to the club again!* Mensch, ist das schön, dass du wieder da bist!« Auch andere Mitschüler kamen auf mich zu und wollten die neue Federtasche sehen. Ich bedankte mich bei allen mit traditionellem Handschlag.

Mbulelo meinte trocken: »Drei Wochen Ferien, neue Schulsachen ... nicht, dass du dich jetzt regelmäßig beklauen lässt, okay?« Alle lachten. Auch ich lachte mit und ließ mir nicht anmerken, dass tief in mir eine schreckliche Angst bohrte, von der niemand etwas ahnte. Einen Moment lang war mir, als würde Miss Delphine mich plötzlich anders mustern, als sie es jemals zuvor getan hatte. Sie hielt eher als alle anderen inne mit Lachen, wandte sich dann aber ab, ohne weiter nachzufragen. Auch auf die Idee mit dem Theaterstück kam sie nicht mehr zurück.

Die Theater-AG traf sich drei Tage später an einem Donnerstagnachmittag, dieses Mal bei uns in *Forest Hill*. Zehn weiße Jugendliche aus Newlands waren mit ihrem Lehrer, Mr. Potgieter, gekommen, darunter auch Henk. Sofort kam er auf mich zu und schüttelte mir erfreut die Hand: »Gut siehst du aus!« Dabei grinste er auch Lindi zu, die wie immer nur reserviert zurücknickte.

Shelley, ein Mädchen aus Henks Schule, wollte wissen: »Haben sie die Täter schon gefasst?« Ich schüttelte den Kopf. Und dann rief sie etwas, was mich unwillkürlich zusammenzucken ließ: »Schlimm, dass die dich verprügelt und beklaut haben, aber zum Glück wollten die sonst nichts von dir.« Niemand ging auf sie ein. Aber hatte jemand mein Zusammenzucken bemerkt? Ich wagte nicht aufzuschauen. Miss Delphine rettete den Augenblick für mich, indem sie uns alle in den Stuhlkreis zur Vorbesprechung rief: »Wer kann Thina berichten, woran wir in den letzten Wochen gearbeitet haben?«

Lindi meldete sich: »Volle Provokation! Das Stück soll heißen: *Shakespeares Kondom* und ist eine Mischung aus dem Hollywood-Schinken *Shakespeare in Love* und einer aktualisierten Version von *Romeo and Julia!* Die zwei Süßen seilen sich nämlich nicht nur bereits nach der romantischen

Balkonszene mit aneinander geknoteten Kondomen ab, sondern stellen die Literaturgeschichte auf den Kopf, indem sie alle Seuchen dieser Welt, von wild gewordenen Eltern bis AIDS, durch fanatischen Kondomgebrauch überwinden ...«

Lindi wird bestimmt einmal eine berühmte Schauspielerin oder Filmregisseurin oder Theaterdirektorin oder jedenfalls irgendetwas, wo man mit wildem Herumspinnen sein Geld verdienen kann. Ich war so beeindruckt von ihrem Vortrag, dass ich nur anerkennend nicken konnte.

Sizwe ergänzte: »Heute wollen wir entscheiden, wo die Geschichte spielen soll. Ich finde, das Ganze muss in einem *Township* passieren und Romeo und Julia müssen Xabiso und Nokulunga heißen.«

Shelley fiel ihm ins Wort: »Und die Balkonszene findet auf einem Wellblechdach statt, oder wie? Das kapiert niemand mehr!«

Mr. Potgieter schien ebenfalls skeptisch: »Wir wollen uns doch an alle Jugendlichen wenden, da ist es doch egal, wo es spielt, das kann genauso gut in Verona oder im heutigen England sein. Hauptsache, die Geschichte ist überzeugend.«

»Mag sein, aber es gibt genug Stücke, in denen Weiße die Helden sind«, widersprach ihm Miss Delphine. »Gerade für die Jugendlichen aus den *Townships* ist es doch bestimmt interessanter, wenn sie sich unmittelbar wieder erkennen können. Leonard Bernstein hat seine Romeo-und-Julia-Geschichte doch auch *West Side Story* genannt und in einem Ghetto in New York angesiedelt.«

»Na, na«, winkte Mr. Potgieter gönnerhaft ab, »wir wollen uns doch nicht mit dem großen Bernstein vergleichen, liebe Kollegin!«

»*Oh, abanyepha*«, knurrte Sizwe leise. Oh, diese Weißen. Mr. Potgieter hatte etwas gehört und rief in Sizwes Richtung: »Wie bitte? Hatten wir nicht abgemacht, dass wir hier Englisch miteinander reden?«

»*Sorry*«, antwortete Sizwe und schaute unsicher zu den anderen in unserer Gruppe.

Noch einmal machte Lindi den Mund auf: »Ich finde Sizwes Idee besser. AIDS können zwar alle bekommen, mehr als die Hälfte aller Neuinfizierten sind aber faktisch Leute in unserem Alter! Und in unseren Gemeinschaften ist es noch immer ein viel größeres Tabu als unter den Weißen, darüber überhaupt zu sprechen.«

Miss Delphine war sehr ernst geworden. »Danke, Lindi. Auch viele Kinder sind infiziert. Drei Viertel aller kleinen Patienten in Kinderkrankenhäusern in Südafrika sind AIDS-kranke Kinder.« Sie holte tief Luft. »Und noch etwas: Egal, ob unsere Geschichte in einer weißen oder schwarzen Gemeinschaft spielen wird, werden wir uns einiges an Kritik gefallen lassen müssen. Deshalb überlegt euch bitte jeder gut für sich selbst, ob ihr wirklich bei unserem neuen Stück mitmachen wollt, und sprecht auch mit euren Eltern darüber!«

Einen Moment herrschte Stille. Dann meinte Zodwa leise: »Ich kann mit meinen Eltern nicht über so was reden. Aber ich will in jedem Fall mitmachen.«

Henk sagte: »Meine Eltern finden es gut, dass wir was zu AIDS machen. Sie sind sauer, dass so viele Politiker noch immer den Kopf in den Sand stecken. Und ich bin auch dafür, dass die Geschichte in einem *Township* spielt!« Dabei schaute er ausnahmsweise nicht Lindi an, sondern blickte Mr. Potgieter direkt ins Gesicht.

An diesem Nachmittag kamen wir zu keiner endgültigen Entscheidung. Mary aus Newlands brachte ein wichtiges Argument, über das wir noch länger nachdenken wollten: »Wenn die Geschichte in einem *Township* spielt, dann finde ich es aber blöd, wenn die Weißen in unserem Stück wieder nur Polizisten oder Ärztinnen spielen, die von außerhalb kommen. Können wir das Stück so schreiben, dass für alle akzeptable Rollen entstehen?«

Sizwe, Lindi, Mary und Henk erhielten bis zum nächsten Donnerstag den Auftrag, einen ersten Entwurf für eine mögliche Geschichte zu schreiben. Damit war auch Mr. Potgieter einverstanden. Bevor wir uns trennten, zog mich Miss Delphine im Flur noch mal zur Seite und fragte: »Ist wirklich alles okay, Thina?«

Das kam so überraschend für mich, dass mir Tränen in die Augen schossen, bevor ich mich abwenden konnte. Ich wischte sie mit dem Handrücken weg und murmelte: »Ja, alles okay.« Dabei sah ich sie nicht an.

»Du kannst jederzeit mit mir sprechen, Thina, vergiss das nicht«, sagte sie noch, bevor sie mich mit einem Gruß entließ und selbst zum Lehrerparkplatz ging.

Lindi wartete schon am Tor: »Was wollte sie denn noch?«

»Nichts«, entgegnete ich still, konnte aber nicht verhindern, dass Lindi merkte, dass nicht alles okay war. Sie war aber klug genug, nicht weiter zu bohren.

Was ahnte Miss Delphine? Hatte der *Sangoma* vielleicht doch nicht dicht gehalten?

In den Tagen bis zum nächsten Donnerstag wuchs meine Angst vor neuen Fragen so sehr, dass ich mich im letzten

Moment durch Lindi entschuldigen ließ, weil ich Oma helfen müsse. In der Schule war Miss Delphine nicht so persönlich wie an den Nachmittagen in der Theater-AG. Aber auch hier wich ich ihr aus, so gut es ging.

Erst nach zwei weiteren Wochen ließen die Albträume nach und ich wurde wieder etwas ruhiger. Von Lindi wusste ich, dass inzwischen die Entscheidung gefallen war, dass das Stück in einem *Township* spielen sollte. Die Rollen sollten nicht nach Hautfarbe, sondern nach den Fähigkeiten besetzt werden. Wieso sollten die weißen Kids nicht auch ein paar Xhosa-Worte lernen? Und eine Ärztin oder einen Polizeioffizier konnten wir genauso gut spielen. Lindis Herzenswunsch war, dass ich die beste Freundin von Nokulunga, unserer Julia, sein sollte. Nachdem sie mir das neue Stück voller Begeisterung geschildert und außerdem die wildesten Gründe gefunden hatte, warum nur ich jene Freundin spielen könne, wenn der Erfolg des Stücks nicht gefährdet werden solle, hatte sie mich schließlich so weit, dass ich am Donnerstagnachmittag wieder mitzukommen versprach.

Ich war erleichtert, dass niemand nachfragte, wo ich in der Zwischenzeit gewesen sei. Vermutlich hatte Lindi meine Oma-Geschichte schon ausreichend verbreitet. Selbst Miss Delphine vermied jede besondere Aufmerksamkeit.

Mittlerweile lagen schon einige Dialoge vor, die von denjenigen, die sich für bestimmte Rollen interessierten, vorgelesen werden sollten. Von Anfang an war klar, dass Lindi unsere Julia werden würde. Sizwe und Henk konkurrierten um die Rolle von ›Romeo‹ Xabiso. Beide hatten männliche Stimmen, sahen gut aus, und es schien wirklich schwer, eine vernünftige Entscheidung zu fällen. Lindi hielt sich heraus, obwohl ihr die Vorstellung, sich dann von Henk küssen lassen zu müssen, keineswegs angenehm sein konnte. Dachte ich jedenfalls. Bis sie mir ins Ohr flüsterte:»Ich find's nicht schlimm, wenn Henk es wird. Aber sag das bloß keinem. Hast du 'ne Idee, wie weiße Jungs überhaupt küssen?«

Am Ende des Nachmittags fiel die Entscheidung. Bis dahin waren Sizwe und Henk gleich gut gewesen. Dann ging es um eine kleine Szene am Anfang des Stücks, die Mary geschrieben hatte und die den meisten in der Gruppe nicht gefiel. Sie begann damit, dass Xabiso-Romeo seiner Nokulunga-Julia zurief:»Niemals werde ich ein Kondom benutzen, denn es ist nicht ritterlich, das Edelste angstvoll zu verhüllen!«

Lindi antwortete in dem Dialog erst:»Aber es ist ritterlich, mich zu schützen vor den Seuchen der einfachen Stände!« Das fanden alle irgendwie langweilig. Da hatte Henk eine Idee, die er Lindi ins Ohr flüsterte. Noch einmal lief der Dialog bis zu dieser Stelle. Dann aber rief Henk:»Niemals werde ich ein Kondom benutzen, weil es nicht passt zu unseren edlen afrikanischen Traditionen!«

Darauf Lindi:»Ach nee, das ist ja interessant, jetzt, wo du mich schützen sollst, müssen plötzlich die afrikanischen Traditionen herhalten. Wenn du ein Handy benutzen kannst oder ein Auto fahren, wirst du doch wohl auch mit einem Kondom klarkommen?«

Die beiden sprachen die Sätze so gekonnt, als hätten sie bereits zehn Proben hinter sich, klar und auf den Punkt, wobei sie sich in verliebter Pose anhimmelten. Wir prusteten alle vor Lachen, selbst Mr. Potgieter kam nicht umhin, sein

Gesicht zu einem schiefen Grinsen zu verziehen. Sizwe selbst gab den Ausschlag, indem er trocken meinte: »Mach's noch einmal, Henk!« Wir anderen applaudierten spontan: Henk für den neuen Dialog, Sizwe für seine großzügige Haltung gegenüber Henk.

Ausgelassen verabschiedeten wir uns voneinander. Auch mich hatte die fröhliche Arbeitsatmosphäre angesteckt. Man sollte vielleicht gar nicht so viel über Unterschiede zwischen den Menschen reden. Sobald eine Aufgabe fair angepackt wird, kann man immer nur staunen, wie viel wir, egal welcher Hautfarbe oder Muttersprache oder was auch immer, gemeinsam haben. Weil wir uns das nächste Mal in Newlands treffen sollten, halfen Henk und ich noch Miss Delphine dabei, einige Requisiten, die bis jetzt zusammengetragen wurden, mit zu ihrem Wagen zu schleppen.

Da es schon früher Abend war, stand nur noch ihr Auto auf dem mit einem besonderen Stacheldrahtzaun gesicherten Parkplatz für Lehrer und andere Angestellte der Schule. Erst als wir fast vor ihrem alten Volvo standen, sahen wir die Bescherung: Alle vier Reifen waren zerstochen, die Scheinwerfer und die Windschutzscheibe zerschlagen und alle Sitze aufgeschlitzt. Auf der Fahrerseite war in Druckbuchstaben *IGQWIRHA* in den Lack gekratzt. Miss Delphine biss sich auf die Lippen, aber sie ließ sich zunächst nichts anmerken.

Henk stieß mich vorsichtig an und fragte flüsternd: »Was heißt das eingeritzte Wort?«

»Hexe«, antwortete ich genauso leise.

Wir gingen zuerst um das Auto herum und suchten nach möglichen anderen Fallen oder gar verstecktem Sprengstoff, bevor Miss Delphine vorsichtig zuerst die Beifahrertür öffnete. Hinter dem Lenkrad klebte ein Zettel, auf den jemand etwas in krakeligen Buchstaben geschrieben hatte. Zuerst las es Miss Delphine allein. Zum ersten Mal, seit ich sie kannte, sah ich, wie ihre Mundwinkel zitterten und ihr ein paar Tränen über die Wangen liefen.

»Dürfen wir es lesen?«, fragte Henk.

Sie reichte mir den schmuddeligen Zettel. Leise übersetzte ich für Henk: »An die größte Schlampe von Forest Hill! Willst du mit deinem Gerede über Kondome und Safer Sex unsere Mädchen zu Nutten machen? Das nächste Mal bist du dran!«

»Oh Mann!«, stöhnte Henk. »Wer kann das gewesen sein?«

Miss Delphine putzte sich die Nase und antwortete dann beinah ruhig: »Das waren Eltern oder Schüler aus den oberen Klassen. In jedem Fall jemand aus unserer Schule.«

»Und was wollen Sie nun tun?«, fragte Henk. »Das ist kein Scherz, Sie müssen es der Polizei melden!«

»Ich werde in Ruhe darüber nachdenken«, murmelte sie undeutlich. Dann gab sie sich so etwas wie einen inneren Ruck und fragte uns: »Könnt ihr mir noch mal helfen, den ganzen Kram zurück ins Lehrerzimmer zu bringen? In der Klasse wird es doch geklaut und dort habe ich zumindest noch einen abschließbaren Schrank.«

Wir nickten. Es waren nur fünf Pappkartons, nicht besonders schwer, nur ziemlich groß und unhandlich.

Vor dem Lehrerzimmer warteten noch zwei Mädchen sowie ein Vater aus Newlands, die Henk im Auto mitnehmen wollten. Alle anderen aus der Theater-AG waren bereits aufgebrochen. Als Henk ihnen sagte, dass jemand Miss Delphines Auto demoliert habe, bot der Vater an, auch sie und mich mitzunehmen und nach Hause zu bringen. Aber Miss Delphine meinte, sie müsse sich erst noch um das Auto kümmern, und schlug vor, ich solle mitfahren.

Ohne nachzudenken, lehnte ich dankend ab und sagte: »Ich bleibe noch bei Miss Delphine und gehe nachher mit ihr. Einen Teil des Wegs haben wir gemeinsam.«

Als wir allein waren, sprachen wir zunächst kein Wort miteinander. Miss Delphine packte erst umständlich alle Requisiten aus den Kartons aus und stopfte ihren Schrank bis oben damit voll. Dann brachte sie einen Eisenriegel davor an, den sie mit zwei riesigen Vorhängeschlössern sicherte. »Das hält zwar auch niemanden wirklich ab, aber es dauert zumindest etwas länger«, meinte sie nüchtern. Schließlich telefonierte sie lange mit einem ihrer Brüder, bis er zusagte, den Volvo noch am Abend abzuholen, bevor sich andere ans Ausschlachten der Reste machen würden. Sie erklärte ihm ein Versteck für den Schlüssel des Parkplatztores.

Zu mir gewandt, sagte sie: »Okay, wir können gehen, Thina.« Sie stand ganz dicht vor mir und nahm plötzlich meine Hand: »Danke dir, dass du so lange gewartet hast. Es tut gut, damit nicht allein zu sein.«

Plötzlich wusste ich, dass ich es jetzt sagen müsste, wenn ich es überhaupt jemals schaffen sollte. Ich hielt einfach ihre Hand fest, holte tief Atem und ... bekam keinen Ton heraus. Noch einmal machte ich einen Anlauf, schluckte und stotterte schließlich: »Miss Delphine, ich möchte ... ich will sie etwas fragen. Ich bin damals nicht nur verprügelt und beraubt worden. Ich ... ich habe Angst, AIDS zu bekommen.«

Dann ließ ich ihre Hand los und begann plötzlich furchtbar zu zittern, so als würde mir erst jetzt klar, dass ich diese Worte niemals mehr würde zurücknehmen können. Miss Delphine zog mich zu sich und hielt mich im Arm. Ich konnte nicht anders, als wie ein Kind zu heulen. Zum ersten Mal konnte ich meine abgrundtiefe Angst mit einem anderen Menschen teilen. Ich heulte und heulte, bis ihre Bluse an der rechten Schulter von meinen Tränen nass war. Aber sie hielt mich weiter ganz fest, strich mir sanft mit der anderen Hand über den Rücken und sagte schließlich so leise, dass ich es kaum hören konnte: »Es ist gut, dass du endlich sprichst, Thina. Ich spüre seit langem, dass du Angst vor etwas hast.«

Utyelelo eKapa
Ausflug nach Kapstadt

Bis lange nach Einbruch der Dunkelheit saßen Miss Delphine und ich auf den wackeligen Stühlen im Lehrerzimmer. Das gelbliche Licht zweier Lampen, die die Front des Schulgebäudes aus Sicherheitsgründen die ganze Nacht beleuchteten, verbreitete eine geisterhafte Stimmung im Raum. Eine Weile war es, als wären nur noch Miss Delphine und ich auf der Welt, jedenfalls in dieser kleinen, von guten Geistern beschützten Welt unseres leisen Gesprächs. Alle Bedrohungen – tödliche Krankheiten ebenso wie hasserfüllte Mitmenschen – blieben ausgesperrt, weit draußen in einem Dunkel, das uns hier drinnen nicht erreichte.

Nachdem der Damm einmal gebrochen war, erzählte ich ihr alles, was in jener Nacht bei den Müllbergen geschehen war. Nichts ließ ich aus, kein Detail, nicht die zerrissene Decke und nicht die Zahnlücke. Ich beschrieb all meine Schmerzen, die des Körpers von damals und die der Seele, die noch mit jedem Tag zunahmen, obwohl seit der Tat bereits Wochen vergangen waren. Miss Delphine hörte lange nur zu, ganz ruhig. Mit jedem Wort wuchs das Band zwischen uns, weil ich spürte, dass sie viel mehr wusste vom Leben, als ich je geahnt hatte oder der alltägliche Unterricht hätte vermuten lassen. Einmal nur unterbrach sie mich vorsichtig und fragte: »Würde es dir helfen zu wissen, ob du

HIV-infiziert bist? Denkst du, du bist stark genug, um die Wahrheit auszuhalten?«

In mir war eine klare Stimme, die zweimal Ja! rief. Was mich zu zermürben begann, war die Unsicherheit, das Schweigen, das Verdrängen, das Heile-Welt-Spielen daheim. Ich hatte keine wirkliche Vorstellung, was es bedeuten würde zu erfahren, dass ich infiziert wäre und mit schlimmen Krankheiten und frühem Tod rechnen müsste. Ich wollte einfach wissen, dass alles gut ist. Ich wollte erwachen aus einem Albtraum, der an jenem Abend begonnen hatte und einfach nicht aufhören wollte. Dafür schien mir kein Preis zu hoch.

»Ich werde beten«, sagte ich ernst zu Miss Delphine. »Es hat geholfen, um nicht schwanger zu werden. Ich muss noch einmal Vertrauen haben, meinen Sie nicht?«

Miss Delphine blieb ernst. »Ich sehe nur, wie lange du dich nun schon quälst. Und ich hoffe darauf, dass dein Vertrauen stark genug ist, auch für den Fall, dass du infiziert sein solltest. Millionen Menschen sind infiziert, in unserem Land bereits jeder Fünfte. Wir alle müssen lernen, dieser Wahrheit ins Auge zu sehen. Ob wir selbst infiziert sind oder nicht.« Dann erklärte sie mir, dass sie mit einem Arzt befreundet sei, den sie fragen könne, ob er den Bluttest für mich machen würde. Es müssten allerdings wohl erst noch ein paar Wochen vergehen, insgesamt mindestens drei Monate seit jenem Abend, seit der möglichen Infektion, da erst dann das Virus im Blut eindeutig nachgewiesen werden könne. Und er würde das Ergebnis in jedem Fall nur mir mitteilen, selbst ihr nur mit meiner Zustimmung.

Einen Moment blieb ich still. Dann nickte ich. So sollte es geschehen.

Als hätte er auf ein Zeichen in der Stille gewartet, begann plötzlich ein Autofahrer vor dem verschlossenen Tor des Parkplatzes wie wild zu hupen.

»Ach, mein Bruder«, rief Miss Delphine, »den habe ich völlig vergessen! Ich habe nicht mal den Schlüssel in das Versteck gelegt!«

Ohne Licht im Flur einzuschalten, rannten wir zum Hauptportal, lösten von innen den schweren Eisenriegel und winkten in das Licht der Autoscheinwerfer.

»Mach nicht so einen Lärm, Gregory!«, rief sie ihm zu. »Ich komme ja schon!«

Ihr Bruder Gregory hatte seinen Freund Rushdy mitgebracht. Zu zweit befestigten sie ein Abschleppseil an Miss Delphines Volvo, um ihn dann zu einer Garage zu schleppen, die diesem Freund gehört.

»Den krieg ich wieder hin«, meinte Rushdy tröstend zu Miss Delphine, bevor sie vom Parkplatz rollten.

»Ist ja doch schon 'ne Rostlaube!«, rief sie hinterher und es schien, als würden ihr die Zerstörungen an ihrem Auto am wenigsten ausmachen. Viel schwerer hatte sie an dem Brief zu schlucken. »Ich werde vorläufig nicht die Polizei einschalten. Aber ich verlange von Mr. Dlomo, dass er noch diese Woche eine Schulkonferenz einberuft«, ließ sie mich wissen, bevor auch wir uns an diesem Abend trennten. Sie war bis fast zu unserem Haus mitgegangen, wollte aber nicht mehr mit hereinkommen.

»Danke für Ihre Hilfe, Miss Delphine«, sagte ich zum Abschied. »Ich bin so froh, dass Sie mich verstehen.«

»Ich danke dir für dein Vertrauen, Thina«, entgegnete sie und lächelte mir zu. »Du hast mir heute auch geholfen.«

Den folgenden Monat über sprachen wir kaum noch über unseren Plan des geheimen Bluttests. Es war ein Bündnis, das mir ein wenig Ruhe zurückgab, jedenfalls für die vereinbarte Frist. Nur einmal teilte sie mir kurz mit, dass ihr Arzt einverstanden sei und vorgeschlagen habe, in fünf Wochen den Test zu machen. Dann ungefähr müsste ein zuverlässiges Ergebnis erzielt werden können. Von der Blutabnahme bis zum Ergebnis würde ich dann noch einmal etwa acht Tage warten müssen. Ich rechnete aus, dass dies die erste Woche im Dezember sein müsste, Advent, Advent ... Wenn ich dann doch nur erleichtert in die Sommerferien gehen könnte, von Weihnachten gar nicht zu reden.

Bereits Ende Oktober begann sich der Sommer mit ein paar ersten knallheißen Tagen anzukündigen. Ich vermisste Thabang schrecklich. Im letzten Jahr waren wir noch in einer Klasse gewesen, seine Mutter hatte damals noch keine Symptome der schrecklichen Krankheit gezeigt, und wann immer es die Zeit erlaubte, waren wir ans Meer getrampt. Trotzdem gab ich auch jetzt die Hoffnung nicht auf, dass er und Thobile eines Tages wieder auftauchen würden.

Vom Ergebnis der Schulkonferenz hatte uns Miss Delphine bereits am Donnerstag darauf berichtet. Eine Gruppe konservativer Eltern hatte sich anonym zu dem Anschlag auf ihr Auto bekannt und sogar Unterstützung von einigen älteren Schülern sowie ein paar Lehrern bekommen. Unser Schulleiter, der sich sonst nicht gerade als Held hervortat, hatte sich in dieser Situation immerhin eindeutig hinter Miss Delphine gestellt und darauf bestanden, dass Meinungsverschiedenheiten über Unterrichtsinhalte in der Konferenz ausgetragen werden müssten. Sollte ein derartiger Erpressungsversuch noch einmal vorkommen, würde er sein Amt niederlegen und die Schule verlassen.

Das machte Eindruck, denn jeder wusste, dass er durch seine Kontakte zur Schulaufsicht immer mal wieder Geld für besondere Aktivitäten lockermachen konnte. Durch ihn hatte *Forest Hill* den Status einer Modellschule erlangt und bekam nun Fördergelder für Projekte wie zum Beispiel Nachhilfeunterricht oder unsere Theater-AG mit der Schule aus Newlands.

Eine Art Waffenstillstand wurde erreicht, als ein Vater anbot, mit den für den Anschlag verantwortlichen Eltern über einen Kompromiss zu verhandeln. Er wollte sie überreden, zunächst das Ergebnis des Theaterstücks abzuwarten, bevor sie weiter dagegen vorgingen. Miss Delphine war allerdings überzeugt, dass dieser Vater in Wahrheit selbst zu jener aggressiven Elterngruppe gehörte. Doch als er dafür stimmte, dass Miss Delphines Autoreparatur teilweise aus der Kasse für ›besondere Experimente‹ bezahlt würde, war sie beruhigt. Unsere Theaterproben gingen jedenfalls ungebrochen weiter. Niemand aus der Gruppe wollte aufgeben. Jetzt erst recht nicht.

An einem Donnerstag Mitte November erschien Miss Delphine in geradezu ausgelassener Stimmung zu unserem Treffen: »*Surprise!*«, rief sie schon vom Flur aus, als sie auf uns zukam. »Die Autofirma, die auch unsere Kostüme bezahlen wird, hat uns zwanzig Freikarten für einen Besuch des Aquariums in Kapstadt geschenkt!«

Riesenjubel! Das Aquarium im Hafen von Kapstadt ist weltberühmt. Touristen aus aller Welt kommen dorthin, um hinter einer meterhohen Glasscheibe die Fütterung von Haien und Riesenrochen zu beobachten. Nur sind die Eintrittspreise so hoch, dass die meisten Menschen aus Guguletu sich so einen Besuch niemals leisten können.

»Wann soll's denn losgehen?«, wollte Sizwe sofort wissen.

»Wir können schon kommenden Donnerstag hinfahren, wenn wir wollen«, teilte sie uns mit.

»Da wollte ich schon immer mal hin!«, rief Lindi begeistert.

»Es ist wirklich Superklasse!«, stimmte ihr Henk zu. »Ich war mit meinen Eltern vor drei Monaten dort.«

Als Mr. Potgieter fragte, wer denn schon mal im berühmten Kapstädter Aquarium war, stellte sich heraus, dass tatsächlich noch niemand aus Guguletu, aber schon sieben der zehn Jugendlichen aus Newlands dort gewesen waren.

Mary meinte daraufhin: »Ich finde, wir sollten unsere zehn Tickets euch zur Verfügung stellen. Unsere Eltern bezahlen das bestimmt, wenn es ein Schulausflug ist, aber ihr könnt dann vielleicht noch Geschwister oder Eltern mitnehmen.«

Zodwa meldete sich schüchtern: »Mein älterer Bruder zieht mich zwar immer auf, dass ich in einem Sex-Stück mitmachen würde. Ins Aquarium würde er aber bestimmt riesig gern mitkommen – darf ich ihn fragen?«

Alle nickten. Auch Sizwes Vater hatte sich bisher eher abfällig geäußert und eine Schwester von Thembeka hatte sie sogar als Nutte beschimpft. Wir beschlossen möglichst viele von denen einzuladen, die uns für eine Bande von verkommenen Sex-Maniacs hielten. Tatsächlich akzeptierten die meisten unsere Einladung und so ließen wir einmal unsere Proben zugunsten eines Ausflugs nach Kapstadt ausfallen. Mr. Potgieter sorgte dafür, dass wir gemeinsam mit einem Schulbus aus Newlands würden fahren können.

Endlich war der Tag gekommen: Zwanzig Kids, drei Mütter, ein Vater, zwei ältere Brüder und vier ältere Schwestern sowie natürlich Miss Delphine, Mr. Potgieter und der Chauffeur von Newlands brachen ausgelassen auf, obwohl das Wetter plötzlich noch mal schlecht geworden war, ein kühler Wind wehte und sogar die ersten Regentropfen gegen die Scheiben des Busses zu klatschen begannen. Da wir nirgendwo unterwegs anhalten mussten und es ein moderner Bus mit sauberen und bequemen Sitzen war, verging die Fahrt wie im Fluge. Schon sahen wir die Bucht des Hafens vor uns. Unser Fahrer steuerte auf den modernen Teil mit dem Einkaufszentrum *Waterfront* zu, in dem auch das Aquarium liegt.

Da die Scheiben wegen der Feuchtigkeit von innen immer wieder beschlugen, wischte ich regelmäßig mit der flachen Hand die Sicht frei, um möglichst nichts von der Aussicht zu versäumen. Gut gekleidete Menschen waren auf den Straßen unterwegs, in den Händen große Plastiktüten mit Einkäufen. Als wir vor einer Ampel unmittelbar vor dem Hafengebiet halten mussten, fiel mein Blick auf einen riesigen amerikanischen Straßenkreuzer neben uns. Er war grell-violett lackiert, die Türgriffe, Scheinwerfer und Stoßstangen aus blitzendem Chrom.

Kaum waren die Autos in der ersten Reihe zum Stehen gekommen, stürzte ein Schwarm von Jungen auf sie zu. Einige boten den Beifahrern Zeitungen, Feuerzeuge oder Plastikgeschirr zum Kauf an, andere machten sich an den Windschutzscheiben zu schaffen und putzten und wienerten trotz des Regens, was das Zeug hielt. Danach hielten sie dem Fahrer die offene Hand hin und hofften auf ein paar Münzen.

Gerade als die Ampel auf Grün umgeschaltet hatte, die Autos ohne Rücksicht auf die Jungen Vollgas gaben, sodass einige sich nur durch einen Sprung an den Straßenrand retten konnten, glaubte ich plötzlich, meinen Augen nicht zu trauen! Einer der Jungen, die die Frontscheibe des violetten Schlittens geputzt hatten, ähnelte Thabang – nein, kein Zweifel, auch wenn dieser Junge eben viel längeres Haar gehabt hatte ... das *war* Thabang!

Ich sprang von meinem Platz auf, schubste die ahnungslose Lindi grob zur Seite und raste zum hinteren Teil des Busses, um durch die hintere Scheibe noch einen Blick auf die Jungen erhaschen zu können. Aber ich war zu langsam. Als ich endlich einen Teil der beschlagenen Scheibe frei gewischt hatte, war die Kreuzung schon wieder gut fünfzig Meter entfernt, sodass die Jungen nur noch wie schemenhafte Zwerge auszumachen waren. In meiner Aufregung rief ich durch den ganzen Bus: »Stopp! Anhalten! Ich muss raus!«

Da aber alle durcheinander redeten und der Motor des Busses selbst ziemlichen Lärm machte, verstanden weder Miss Delphine noch der Fahrer, was ich wollte. Gegen das Schaukeln des Busses torkelte ich so schnell ich konnte wieder nach vorn und rief erneut: »Bitte, lassen Sie mich aussteigen!«

»Ist dir schlecht?«, rief Miss Delphine erschrocken, als ich schwer atmend und mit Schweißperlen auf der Stirn vor ihr stand.

84

»Mein bester Freund Thabang, wissen Sie, der vor über einem Jahr von der Schule abgehen musste ... er ist verschwunden seit dem Tod seiner Mutter, aber ich habe ihn gerade gesehen ... an der letzten Ampel!!«

Miss Delphine wandte sich an den Fahrer: »Können Sie hier kurz anhalten, damit Thina aussteigen kann?«

»Hier darf man nicht halten!«, brummte der Fahrer missgelaunt. Er machte diese Tour, ohne zusätzlich dafür bezahlt zu werden. Deshalb hatte er offensichtlich auch keine Lust auf irgendwelche Sonderleistungen.

»Aber es ist doch nur ganz kurz, er ist sonst vielleicht weg!«, flehte ich ihn an.

»Da vorne ist der Parkplatz. Da kannst du raus, vorher nicht!«, bellte er zurück und es war deutlich, dass er keinen Widerspruch dulden würde. In den langen Minuten, die noch vergingen, bis der Bus endlich richtig eingeparkt war und der Fahrer per Knopfdruck die hydraulischen Türen öffnete, schossen mir die wildesten Gedanken durch den Kopf: Wie war Thabang bei den Straßenjugendlichen gelandet? Wo brachte er seine Nächte zu? War Thobile noch bei ihm?

Bevor ich aus dem Bus sprang, rief Miss Delphine noch: »Ich hinterlege dein Ticket an der Kasse des Aquariums. Um fünf Uhr fahren wir zurück, bitte denke daran, Thina!«

»Ja, ist gut«, murmelte ich und war auch schon aufs Pflaster gesprungen. Im Laufschritt rannte ich die lange Straße zurück, an deren Ende ich durch den Regen die großen Ampelpfosten erkennen konnte. Völlig außer Atem und mit Seitenstichen kam ich dort an, als gerade wieder eine Grünphase eingesetzt hatte, alle Autos hupend anfuhren und die Jungen wie Hühner in alle Richtungen auseinander stoben.

Wo war er? Wo war Thabang?

Mein Gott, hatte ich ihn verpasst? War er inzwischen zu einer anderen Kreuzung gelaufen? Ich sprach einen der Jungen, die mir am nächsten standen, an: »*Uphi uThabang* – wo ist Thabang? Kennst du einen Jungen, der Thabang heißt?«

Der Bursche war einen Kopf kleiner als ich und schaute mich misstrauisch an. Dann schüttelte er seinen strubbeligen Kopf, schnappte seine Plastiklöffel, die er zu verkaufen hatte, und stellte sich in Position, um bei der nächsten Rotphase in der ersten Reihe zu stehen. Verzweifelt trat ich ein paar Schritte zurück. Hatte ich mich vielleicht doch geirrt? Immerhin war die Busscheibe reichlich verschmiert gewesen. Außerdem war es auch nur ein Augenblick, in dem ich geglaubt hatte, das vertraute Gesicht meines besten Freundes zu erkennen.

Da fiel mein Blick plötzlich auf einen Jungen, der sich mit dem Rücken zu mir mit einem kleinen grünen Plastikeimer an einem Wasserhahn im Hinterhof eines Ladens zu schaffen machte. Mein Herz klopfte vor Freude, als würde es jeden Moment zerspringen. Das musste er sein! Genau die gleichen Schultern, die kräftigen Beine und seine Füße, die trotz der Kälte nackt waren. Langsam ging ich auf ihn zu. Erst als ich unmittelbar hinter ihm stand, rief ich seinen Namen: »*Molo,* Thabang!«

Er fuhr herum, als fürchtete er, ein Polizist hätte eine Waffe auf ihn gerichtet. Vor Schreck stieß er den Eimer um, dessen Wasser sich über seine Füße ergoss. Keine Freude in seinem Gesicht über unser Wiedersehen, ein starres, hart gewordenes Gesicht, das mich verschlossen musterte: »*Ufunani* – was willst du?«

Erschrocken fragte ich zurück: »*Kwenzekeni* – was ist geschehen? Thabang, erkennst du mich nicht? Was ist los mit dir?« Ich wäre zu gern einen Schritt auf ihn zugegangen, aber sein eiserner Blick hielt mich auf Abstand.

»Das ist kein Ort, um sich wieder zu sehen. Geh weg, Thina, und verrate niemandem, wo du mich gesehen hast!« Es war, als wäre Thabang seit dem Tod seiner Mutter um Jahre gealtert. Abgemagert bis auf die Knochen war er und wirkte so kalt und unerbittlich, wie ich ihn noch nie erlebt hatte.

»Thabang, bist du verrückt geworden?«, schrie ich nun ihn an. »Wochenlang habe ich dich gesucht. Du bist mein allerbester Freund und jetzt willst du mich einfach wegschicken?«

Er atmete so schwer, dass ich sehen konnte, wie sich sein schmaler Brustkorb hob und senkte. Dann stieß er erneut hervor: »Verschwinde! Niemand soll mich so sehen!«

Obwohl er mir Leid tat, fühlte ich doch eine unheimliche Wut in mir aufsteigen. Was war eine Freundschaft wert, wenn man nicht gerade in schlechten Zeiten zusammenhielt? Ich war nicht bereit, so einfach aufzugeben. Gerade wollte ich ihn anschreien, um ihm zu sagen, dass er mich so einfach nicht loswerden würde, nachdem ich ihn endlich gefunden hätte, und dass wir zusammen überlegen müssten, wie er aus dem ganzen Elend wieder rauskommen könnte, als ... als ganz in der Nähe ein klägliches Weinen einsetzte, das nur von einem kleinen Kind stammen konnte. Ich schaute mich suchend um, aber konnte niemanden sehen.

»Halt die Schnauze, Thobile!«, zischte Thabang in Richtung eines Stapels alter Holzkisten, hinter denen sich ein kleines Wesen zaghaft zu bewegen schien. Ich ließ Thabang einfach stehen und ging auf den hochgetürmten Haufen zu. Zwischen zwei alten Bretterkisten hockte Thobile, winselte wie ein kleiner Hund und traute sich selbst dann noch nicht hervor, als er mich sah.

»*Yiz'apha* – komm her, Thobile! Kennst du mich nicht mehr?«, rief ich ihm zu.

»Thina!«, flüsterte er, als hätte er Angst, jemand könnte seine Worte hören.

Plötzlich hörte ich Thabangs raue Stimme dicht hinter mir: »Lass Thobile in dem Versteck, Thina! Du hast ja keine Ahnung, was es heißt, hier zu überleben!«

Ich war nicht bereit, auf seine harte Tour einzugehen. Ich tat so, als hätte ich ihn nicht gehört, und sprach wieder ruhig zu Thobile: »Komm mal da raus, Kleiner, wir gehen jetzt was Warmes essen. Deinen blöden Bruder lassen wir hier!«

Das Letzte hätte ich nicht sagen sollen, denn Thobiles Mundwinkel begannen bereits wieder zu zittern. »Okay, okay«, schob ich schnell nach, »von mir aus kann er mitkommen.«

Dann nahm ich Thobile an der Hand und zog ihn zurück in Richtung der großen Kreuzung. »Wo willst du denn hin, verdammt noch mal?«, schrie Thabang hinter uns her.

»Kannst ja mitkommen, dann wirst du es schon sehen, Blödmann!«, rief ich in gleichem Tonfall zurück.

Natürlich hatte ich nicht genug Geld, um uns drei zum Essen einzuladen. Immerhin gab es noch die für mich hinterlegte Eintrittskarte fürs Aquarium. Wenn es mir gelänge, die zu verscheuern, dann müsste das für ein paar Hot Dogs reichen. Tatsächlich hatte Miss Delphine Wort gehalten. Ich bekam das Ticket anstandslos ausgehändigt, als ich an der Kasse meinen Namen nannte.

Hinter dem Schalter saß eine nette alte Dame, die mir noch hinterherrief, dass der Eingang zum Aquarium in der anderen Richtung sei. Ich ging noch mal zu ihr zurück und bat sie: »Leider kann ich heute nicht mit den anderen die Fische ansehen. Aber könnten Sie bitte meiner Lehrerin sagen, wenn sie wieder herauskommt, dass sie sich um mich keine Sorgen zu machen braucht, auch wenn ich um fünf Uhr nicht am Bus sein sollte?«

Sie stellte keine Fragen und antwortete freundlich: »Ich schreib's mir auf, Kind, kein Problem.«

Schon die nächste Familie kaufte mein Ticket und gab mir sogar den vollen Preis, obwohl ich es ein paar Rand billiger angeboten hatte. Zehn Minuten später saßen wir in einer billigen Imbissbude, wo Thabang und Thobile jeder zwei Hot Dogs runterschlangen und eine Dose Cola hinterherkippten. Und noch immer hatte ich Geld übrig.

»Und?«, fragte ich Thabang, wobei ich noch immer ziemlich sauer guckte. Manchmal ist Mitleid tödlicher als alles andere.

Erst rülpste Thobile, dann sein großer Bruder, so laut und eklig, dass sich sogar ein paar der Kunden dieses Schuppens, die sicher an einiges gewöhnt waren, umschauten. Ich konnte mir ein Grinsen nicht verkneifen. Thabang gab zum ersten Mal ein winziges Stück seiner Härte auf und ließ ein Lächeln aufscheinen.

Und dann machte er endlich den Mund auf und erzählte, wie alles gekommen war.

Isivumelwano esiyimfihlo
Geheime Abmachung

»Noch vor Mutters Beerdigung kamen Leute zu mir, die ich alle kannte, seit ich klein war: Nachbarn, ein entfernter Onkel, die Frau, die immer gegrillte Schafsköpfe auf der Straße verkaufte ...«, hatte Thabang seinen Bericht begonnen.

»Was wollten sie von dir?«

»Sie sagten, ich hätte dafür sorgen müssen, dass es geheim bleibt, woran Mutter gestorben ist. Nun hätte ich große Schande über die Familie und über die Nachbarn in der Straße gebracht. Sie drohten, nachts unser Haus anzuzünden, wenn ich nicht verschwinden würde. *Ugawulayo*, AIDS, das sei die Krankheit des Bösen, unbeherrschbar und eine Strafe für begangene Sünden.«

»Aber Thabang, so einen Mist glaubst du doch wohl nicht?«

»Natürlich nicht! Niemand hat sich so um mich und Thobile gekümmert wie unsere Mutter. Bis sie wegen hohen Fiebers zusammenbrach, hat sie jede Drecksarbeit angenommen, nur damit ich nach der Grundschule auf die *Forest Hill* konnte. Seit ich klein war, hat sie immer zu mir gesagt: ›Lerne, Thabang, lerne! Das Einzige, was sie dir niemals wegnehmen können, ist das, was du in deinem Kopf und in deinem Herzen hast.‹ Und sie wollte, dass auch Thobile später eine High School besuchen kann ...«

Thabang starrte einen Moment lang aus dem Fenster. Er schluckte ein paar Mal und räusperte sich umständlich. Bevor er weitersprechen konnte, nahm ich all meinen Mut zusammen und fragte: »Weißt du denn, wo sie sich angesteckt haben könnte?«

Er schaute zu Thobile hinüber, dessen Kopf auf die schmuddelige Tischplatte gesunken war. Trotz des Lärms um uns herum schien er eingeschlafen zu sein. »Wir haben mehrere Tage nichts Warmes gegessen«, murmelte er, als gäbe es etwas zu erklären. Dann strich er sich seine langen Locken aus der Stirn. »Außer zu Vater, der die meiste Zeit des Jahres weit weg war, hatte sie eine Weile eine Beziehung zu einem älteren Mann. Er war anfangs sehr nett zu ihr und auch zu uns. Erst später bekamen wir zu spüren, was für ein Tyrann er sein konnte. Er hat Mutter oft geschlagen, aber weil er doch auch immer Geld und etwas zu essen für uns Kinder mitbrachte, hat sie es länger mit ihm ausgehalten, als gut war. Einmal war er so betrunken, dass er auch mir einen Faustschlag ins Gesicht verpasste, hier, siehst du?« Er zeigte auf eine etwa vier Zentimeter lange Narbe neben seinem Ohr, die mir schon früher aufgefallen war. »Die ist mein Andenken an ihn. An dem Abend hat sie ihn endlich an die Luft gesetzt.« Thabang schnaubte verächtlich und sagte dann: »Bei dem hat sie sich angesteckt, ganz sicher. Wir haben ihn seit beinah zwei Jahren nicht mehr gesehen. Er kam aus *Crossroads*, und als Mutter krank wurde, habe ich versucht, ihn zu finden. Aber niemand dort schien ihn zu kennen. Vielleicht ist er längst tot.«

Dann erzählte Thabang, wie er anfangs versucht hatte, bei der Minengesellschaft, für die sein Vater früher in der Nähe von Johannesburg arbeitete und die auch ein großes Büro in Kapstadt besitzt, seine aktuelle Adresse herauszubekommen. Erst hatte man ihn ein paarmal vertröstet und wieder weggeschickt. Als er immer wieder kam, hatte ihn schließlich ein Wachmann am Kragen gepackt und auf die Straße geworfen. Mit erhobenem Gummiknüppel hatte er gedroht, die Polizei zu rufen, wenn er ihn noch ein einziges Mal auch nur von weitem erblicken würde.

Inzwischen sahen Thabang und Thobile natürlich auch nicht mehr so gepflegt und ordentlich aus, wie sie das sonst immer gewesen waren. Nach mehreren Nächten bei Wind und Wetter auf der Straße war das kein Wunder.

»Und was habt ihr gegessen? Und wo geschlafen?«

»Die ersten Wochen lebten wir ausschließlich von Essensresten, die wir aus den Mülltonnen der großen Restaurants gesammelt haben. Geschlafen habe ich die ersten Nächte überhaupt nicht, weil ich immer Angst hatte, Thobile könnte was passieren oder wir würden uns irgendwie verlieren. Er begriff am Anfang gar nicht, wie gefährlich das Leben auf der Straße ist. Weißt du, dass inzwischen selbst kleine Kinder vergewaltigt werden?« Bei diesem Wort zuckte ich unwillkürlich zusammen. Er bemerkte es und fragte: »Ist dir kalt, Thina?«

Ich nickte: »Macht nichts. Und weiter?«

Thabang fuhr fort: »Darum habe ich ihn auch strenger anfassen müssen. Wenn ich jetzt an den Kreuzungen arbeite, muss er immer in einem Versteck in der Nähe bleiben und darf sich nicht herauswagen. Für die Nächte haben wir jetzt ein verlassenes Wachhäuschen an einem abgelegenen Pier gefunden, das wir uns mit ein paar anderen teilen. Es ist dort am Wasser zwar nachts arschkalt, aber zumindest gibt es bei Regen ein Dach überm Kopf.«

Dann erzählte er von den anderen, mit denen er das Blechhäuschen teilte: von dem elfjährigen Rasta und seinem kleinen Freund Peter, die Botengänge für einen Drogendealer machten und bereits selbst abhängig waren; oder von Grace, höchstens dreizehn, die beide Eltern durch AIDS verloren hatte und die eine Weile von Jackie, der Ältesten, die bestimmt schon sechzehn war, auf den illegalen Babystrich in die *Main Road* mitgenommen worden war, bevor diese selbst zu den professionellen Prostituierten in die *Somerset Road* übersiedelte. Seitdem kam Jackie nur noch selten zu den Kids im Wachhäuschen. Wenn sie jedoch auftauchte, brachte sie jedes Mal Milch und Brot mit und verteilte es gerecht. »Damit ihr groß und stark werdet!«, war ein Standardspruch von ihr. Auf Jackie ließ auch Thabang nichts kommen. »Die hat bestimmt auch schon AIDS, ist aber ein absolut anständiger Mensch«, erklärte er.

Wieder nickte ich, bekam aber kein Wort heraus.

Thabang musterte mich und fragte: »Und was hat dich zur *Waterfront* verschlagen? Habt ihr in der Lotterie gewonnen?«

So kam es, dass ich ihm ausführlich von allen Ereignissen in der Theater-AG erzählte, einschließlich des Anschlags auf Miss Delphines Auto und der Freikarten der Autofirma für uns alle. Mit keinem Wort erwähnte ich dagegen mein vertrauliches Gespräch mit Miss Delphine. Als ich sagte, dass der Bus um fünf Uhr zurückfahren würde, stieß Thabang mich an und wies besorgt auf eine vom Rauch vergilbte Wanduhr: »Es ist gleich sechs, dein Bus ist weg!«

Im ersten Moment war ich erschrocken. Aber dann dachte ich: Was macht das schon? Miss Delphine würde meine Nachricht von der alten Dame an der Kasse bekommen haben. Ich hatte immer noch Geld genug von der verkauften Eintrittskarte und das Wichtigste war: Thabang und Thobile lebten und wir hatten uns wieder gefunden. Ich war fest entschlossen, sie nicht hier auf der Straße oder in dem zugigen Blechhäuschen zurückzulassen.

»Thabang, ich habe noch genug Geld, um für uns Bahntickets nach Gugs zu kaufen. Du musst zurückkommen, sonst denken diese Idioten, die euch vertrieben haben, noch, dass sie Recht behalten hätten. Ich werde mit Mutter reden, dass du erst mal bei uns bleiben kannst. Und dann gehen wir zu Miss Delphine und bitten sie, mit Mr. Dlomo zu sprechen, dass du wieder auf die *Forest Hill* zurück darfst.« Meine Stimme klang so begeistert und klar, dass ich selbst überrascht war.

»Bei euch ist es doch jetzt schon zu voll«, wandte Thabang ein. »Und wovon sollen Thobile und ich leben, wenn ich nicht arbeite?« Immerhin klang es unsicher und er verteidigte nicht mehr allein seine harte Fassade.

»Das sehen wir dann«, fuhr ich fort, um weitere Zweifel gar nicht erst aufkommen zu lassen. »Habt ihr noch Sachen in dem Wachhäuschen, die wir holen müssen?«

»Ja, eine alte Decke und in einem Versteck neben der Hütte noch einen Pullover und eine warme Hose für Thobile.«

Gerade als ich Thobile aufwecken wollte, hielt Thabang mich zurück, indem er eine Hand auf meinen Arm legte: »Unter einer Bedingung, Thina!«

»Und die wäre?«

»Du darfst niemanden sagen, wo ich mit Thobile die letzten Wochen gewesen bin – und ... und ich will dir eines Tages alles zurückgeben, was du jetzt für uns tust!«

»Das Erste ist versprochen«, gab ich ernst zurück. Dann konnte ich ein Lächeln nicht unterdrücken, vor Freude, dass er sich auf mein Angebot einlassen wollte. »Zurückgeben darfst du frühestens etwas, wenn du die Schule geschafft und einen Job gefunden hast.«

Thabang drückte meine Hand und blieb ernst. Ich spürte, dass es ihm nicht leicht fiel, in unsere Gegend zurückzukehren, nach allem, was geschehen war. Zusammen kraulten wir Thobiles dicke Locken, bis er verschlafen die Augen öffnete. Die zwei Hot Dogs hatten ihn völlig erledigt. Thabang nahm ihn auf den Rücken, wo der Kleine nach wenigen Minuten wieder eingeschlafen war. Draußen wehte noch immer eine kalte Brise vom Meer durch die Straßen, aber es hatte zumindest aufgehört zu regnen. Wir gingen nicht in Richtung *Waterfront*, sondern zu den alten Piers und Hallen, von denen ein penetranter Fischgeruch ausströmte. Nach einer Viertelstunde bog Thabang plötzlich in einen kleinen Durchgang zwischen zwei Hallen ein, an dessen Ende ein scheinbar verlassenes Wachhäuschen unmittelbar am Wasser stand. Thabang klopfte zweimal kurz und zweimal lang und stieß die Tür auf.

Drinnen war es so dunkel, dass ich zuerst überhaupt nichts erkennen konnte. Thabang bewegte sich jedoch sicher und öffnete einen Moment später eine kleine Luke, sodass mattes Licht von entfernten Hafenscheinwerfern eindrang. Erst jetzt sah ich, dass zwei Jungen in einer Ecke der kleinen Hütte lagen und schliefen, eng ineinander gerollt, um sich vor der Kälte zu schützen.

Thabang legte erst Thobile ab und schüttelte dann einen der beiden an der Schulter. »Rasta, wach auf, ich muss mit dir reden!«

Der Angesprochene stöhnte nur auf im Schlaf, aber reagierte sonst nicht weiter. Der Kleinere von beiden schüttelte dagegen den Kopf und schien Thabang zu erkennen. »Was ist denn los? Rasta ist voll, den bekommst du jetzt nicht wach.«

»Ich haue ab, Peter«, meinte Thabang kurz. »Ich will, dass du das auch den anderen sagst.«

Peter, der höchstens zehn war, nickte und schaute dann neugierig zu mir: »Deine Frau?«

Thabang schaute fragend zu mir und nachdem ich genickt hatte, meinte er mit warmer Stimme: »So was Ähnliches, Kleiner!«

»Sieht gut aus«, meinte Peter anerkennend, als wäre ich gar nicht da. Dann überwog sein Sinn fürs Praktische: »Kann ich deine Decke haben? Wenn du doch zurück zu deiner Frau gehst ...«

Zum ersten Mal an diesem Abend musste Thabang lachen: »Okay, aber nur, wenn du sie mit Rasta teilst!«

Peter schnappte sich augenblicklich die Decke und rief dann leicht gekränkt: »Was denkst du denn? Wir teilen doch alles!«

»Mach's gut, Kleiner«, verabschiedete sich Thabang. Dann holte er noch Thobiles Kleidungsstücke aus einem Versteck neben der Hütte und nahm seinen schlafenden Bruder auf den Rücken. Sorgfältig drückte er von außen die wacklige Tür zu, bevor wir zum Bahnhof aufbrachen.

Es war ein weiter Weg zurück ins Zentrum der Stadt, zumal es unterwegs erneut zu regnen begann. Aber wir machten keine Pause, denn wir durften den letzten Zug nach Guguletu auf keinen Fall verpassen. Thabang atmete schwer, aber beklagte sich nicht über den schlafenden Thobile auf seinem Rücken. Uns beiden lief der Regen übers Gesicht, bei Thabang war er sicher mit Schweiß vermischt.

Wir erreichten den Bahnhof im letzten Moment, konnten gerade noch die Tickets nach Guguletu lösen und mussten dann rennen, da der Zug schon abgepfiffen wurde. Wir saßen noch nicht auf den Bänken, als die Türen hinter uns zuschlugen und der Zug anrollte.

»Geschafft!«, keuchte ich erleichtert.

»Ich auch ...«, meinte Thabang schwer atmend, während er Thobile vorsichtig auf dem Platz neben sich ablegte. Wir sprachen wenig während der Fahrt. Thobi wachte nicht ein einziges Mal auf. Ich hätte gern Mutter und Oma auf die beiden vorbereitet. Aber das ließ sich nun nicht mehr ändern.

Als wir spät abends endlich daheim ankamen und leise in unser kleines Haus traten, sah ich sofort, dass Mutter bereits in Panik war. Sie stand neben einer flackernden Kerze in der Kochecke und rang die Hände. »Bist du verrückt geworden, einfach von der Gruppe abzuhauen?«, rief sie aufgebracht. Thabang und Thobile schien sie noch gar nicht erkannt zu haben. »Miss Delphine ist extra vorbeigekommen, um mir Bescheid zu sagen, und seitdem werde ich verrückt vor Angst, dass dir schon wieder was passiert sein könnte!«

»Es ist meine Schuld«, sagte Thabang leise und versuchte Mutter zu grüßen. Aber sie war auf hundertachtzig. Gegenüber Thabang versuchte sie sich immerhin noch zu beherrschen und zischte nur zwischen zusammengepressten Zähnen: »Junge, es ist schön, dich und den Kleinen wieder zu sehen, aber hier halte dich mal raus! Du weißt selbst, wie gefährlich die große Stadt für ein Mädchen in ihrem Alter ist!« Doch mir gegenüber ließ sie ihre Wut ungebremst heraus: »Du machst sowieso in letzter Zeit, was du willst. Aber damit ist jetzt endgültig Schluss!«

Von ihrem Geschrei waren nun auch Oma, Mangaliso und einige der anderen Geschwister aufgewacht. Oma wandte sich zuerst an Thabang: »Wo warst du nur so lange? Hast du schon etwas zum Schlafen für die nächste Zeit?«

Bevor Thabang antworten konnte, rief Mutter schrill: »Das kommt nicht in Frage! Heute Nacht kannst du hier bleiben mit deinem kleinen Bruder, aber dann musst du dir etwas anderes suchen. Ich schufte mich hier ab für alle und jeder macht nur, was er will!« Bevor ich meinen Mund zu einem Widerspruch öffnen konnte, schoss sie bereits erneut in meine Richtung: »Du ganz besonders, Thina!«

Und dann geschah etwas, womit wohl niemand von uns allen gerechnet hatte. Gerade als Thabang sich umdrehte, um sich mit Thobile zur Tür zu wenden, richtete sich Mangaliso von seinem Lager auf, öffnete seinen Mund und sprach zwei Worte, die ersten Worte, seit er verstört und sprachlos heimgekehrt war vor vielen Jahren: »*Nceda, Mama* – bitte!«

Wir fuhren herum, schauten zuerst ihn und dann uns gegenseitig an, sprachlos nun wir. Mutter setzte sich auf einen Stuhl neben sein Bett, ihre ganze Haltung hatte sich wie vom Blitz getroffen verändert. Mit Tränen in den Augen flehte sie ihn an: »Mangi, mein Junge, sag noch etwas, bitte, noch einmal, nur ein Wort ...«

Mangaliso räusperte sich wie jemand, der am Morgen die ersten Worte spricht, und wiederholte dann klar und ruhig: »Bitte, Mama, lass Thabang und Thobile hier bei uns bleiben, *nceda* ...«

Oma umarmte Mangaliso als Erste. Leise wiederholte sie immer wieder die Worte: »Ich wusste es, ich wusste es ...« Als Nächste stürzte ich zu meinem großen Bruder und lachte und weinte zugleich. Er hatte seine Sprache wieder gefunden, um sich für zwei Jungen einzusetzen, die sonst auf die Straße hätten zurückkehren müssen. Wie stolz war ich auf ihn! Danach kniete Mutter neben seinem Bett nieder und umarmte ihn. Ich stieß Thabang erleichtert in die Seite.

Als Mutter sich die Tränen abgewischt hatte und wieder aufgestanden war, schob sie einen kleinen Schrank in die Kochecke und breitete an dessen Stelle zwei Decken auf dem Boden aus. »Ihr bleibt, so lange ihr wollt!«, sagte sie zu Thabang mit einer Stimme, die auch jetzt keinen Widerspruch duldete. Ich war nicht nur glücklich, sondern mochte auf einmal selbst ihren unwirschen Ton. Es zählte das, was sich dahinter verbarg.

Beinah jeder aus der Familie versuchte Mangaliso vor dem Schlafen noch weitere Äußerungen zu entlocken. Aber er hatte gesagt, was er zu sagen hatte. Als Erster war er wieder eingeschlafen. Mutters Stimme hörte ich noch leise Gebete murmeln, als die Kerze bereits lange gelöscht war.

Am nächsten Morgen bestand Oma darauf, dass Thabang erst zur Schule mitkommen durfte, wenn er selbst und all seine Sachen gewaschen waren. »Miss Delphine kenne ich«, meinte sie stolz. »Sie ist eine richtige Dame, da kannst du nicht schmuddelig auftauchen.« Sie verdonnerte kurzerhand meinen anderen Bruder Mongezi, der sich ab und zu mit Haareschneiden ein paar Rand verdiente, dazu, Thabang kostenlos eine neue Frisur zu verpassen.

Als Thabang in der zweiten großen Pause am Schulportal auftauchte, hätte ich ihn deshalb beinah nicht erkannt. »Was ist denn mit dir passiert?«, rief ich und lachte.

»Mongezi hat zugeschlagen«, sagte Thabang mit einem Grinsen und strich sich mit der flachen Hand über den kurz rasierten Schädel.

Miss Delphine hatte ich bereits am Morgen über alles informiert und zu meiner Erleichterung war sie nicht böse geworden. Allerdings war sie keineswegs sicher, ob sie unseren Schulleiter Mr. Dlomo dazu bekommen würde, ein Stipendium für Thabang an Land zu ziehen. »Es sind so viele, die er schon abweisen musste. Deshalb kann ich für Thabang nichts versprechen, auch wenn er eine besonders schlimme Zeit hinter sich hat. Aber ich werde mit ihm reden.«

Dann hatte sie noch leise gesagt: »Thina, erinnerst du dich an unsere Abmachung? Wenn du noch immer willst, können wir morgen Nachmittag den Test machen lassen.«

Keine Sekunde hatte ich das vergessen, auch wenn ich mit niemandem mehr darüber gesprochen hatte. Ich nickte deshalb nur und wir verabredeten uns für den folgenden Tag nach der Schule.

Gleich darauf berichtete ich Thabang von Miss Delphines Bereitschaft, sich für ihn bei Mr. Dlomo einzusetzen. Von dem Test sagte ich weiterhin kein Wort. Während wir noch beieinander standen, schaute Miss Delphine aus einem Fenster des Lehrerzimmers und rief:

»Thabang, kommst du mal her? Mr. Dlomo will mit dir reden!«

»Viel Glück!«, rief ich ihm hinterher, als er sich aufgeregt zum Büro des Schulleiters aufmachte.

Bis zum Ende der Pause wartete ich im Schatten eines der Klassengebäude. Als die Glocke zum Unterrichtsbeginn läutete und ich gerade zurück zu den anderen gehen wollte, kam Thabang aus Mr. Dlomos Büro gestürzt und auf mich zugerannt. »Thina, halt dich fest! Ich kann bis zum Schuljahresende bleiben und in eure Klasse gehen. Und dabei habe ich gleich doppelt Glück gehabt: Ein Schüler eures Jahrgangs hat offensichtlich alles hingeschmissen und ist abgehauen, sein Platz war aber schon fürs ganze Jahr bezahlt. Und der Hausmeister muss für ein paar Wochen ins Krankenhaus, sodass ich für diese Zeit aushelfen und für mich und Thobile etwas dazuverdienen kann!«

Die nächste Stunde hatten wir bei Miss Delphine. Thabang und ich kamen einen Moment zu spät, aber sie hatte den anderen offensichtlich schon von dem glücklichen Zufall erzählt. Als wir ins Klassenzimmer traten, begannen Lindi, Sizwe und noch ein paar einen mitreißenden Rhythmus zu klatschen, woraufhin auch die anderen mit einfielen. Nicht viel später sprangen die Ersten auf und gemeinsam tanzten und sangen wir im Klassenzimmer herum. Als Miss Delphine für Ruhe sorgen wollte, nahmen Lindi und ich sie links und rechts unter den Arm und zogen sie einfach mit. Zweimal protestierte sie noch. Dann musste auch sie lachen, gab jeden Widerstand auf und bestimmt zehn Minuten tanzten wir so zur Begrüßung von Thabang, der so ausgelassen, wie ich ihn ewig nicht mehr gesehen hatte, mit herumhüpfte.

Außer Atem sanken wir schließlich auf unsere Stühle. Thabang fand einen Platz neben Sizwe, der aus einem Nebenraum einen klapprigen Stuhl geholt hatte.

Es war diese Stimmung, aus der heraus ich keinen Moment zweifelte, dass ich den Test am kommenden Nachmittag machen lassen wollte. Seit dem ersten Gespräch mit Miss Delphine hatte ich jeden Abend vor dem Einschlafen stumm gebetet, dass ich nicht infiziert sein möge, hatte geschworen, dass ich mich dann auch für Menschen mit AIDS engagieren, vielleicht sogar Krankenschwester werden wolle, dass ich in jedem Fall mein Leben einem guten Zweck widmen und nicht nur an mich selber denken würde. Was ich für Thabang erreicht hatte, erschien mir wie ein gutes Omen. Trotzdem wollte ich mit niemandem über den Test sprechen, weniger aus Unsicherheit als aus dem Wunsch, nicht schon vorab auf Kommentare reagieren zu müssen, vor allem nicht von Mutter. Es würde so viel leichter sein, die gute Botschaft hinterher allen mitzuteilen.

Als ich am nächsten Mittag nach der Schule nicht mit Thabang nach Hause ging, gab ich vor, Miss Delphine noch wegen der Beschaffung weiterer Requisiten für unser Theaterstück helfen zu wollen. Sie würde mich später bei uns absetzen, sicher sei ich vor dem Abendessen daheim.

Wir fuhren etwa eine halbe Stunde bis zu dem Arzt, der noch ebenso jung war wie sie selbst und wirklich sehr freundlich. Wegen des Tests machte er nicht viel Aufhebens. Ausführlich fragte er jedoch nach, ob ich gut über meine Entscheidung nachgedacht habe und ob ich damit einverstanden sei, dass er das Ergebnis nur Miss Delphine oder uns beiden zusammen mitteilen würde. Beide Male nickte ich. Dann band er meinen linken Arm ab und zog etwas Blut in ein Röhrchen. Er drückte mir einen Wattebausch mit Alkohol auf die Stelle, wo er die Kanüle herausgezogen hatte, und bat mich, diesen noch einen Moment festzuhalten.

»Das war's auch schon, Thina«, sagte er lächelnd und gab mir die Hand.

Ich fühlte mich erwachsen und ganz ruhig. »Vielen Dank, Doktor«, antwortete ich. Bei der Tür zum Wartezimmer ließ er uns noch wissen, dass er Miss Delphine anrufen würde, sobald das Ergebnis aus dem Labor zurück sei.

Auf der Rückfahrt sprachen wir kaum miteinander. Bevor ich ausstieg, fragte ich noch mal zur Sicherheit nach: »Also ungefähr acht Tage?«

Miss Delphine nickte: »Acht Tage, sicher nicht länger.«

Die folgenden fünf Tage gelang es mir, meine Seele mit Beten morgens und abends ruhig zu halten. Am sechsten Tag wachte ich schweißnass auf, weil ich zuletzt von Thabangs Mutter geträumt hatte und mir war, als wolle sie mir etwas zurufen, was ich aber nicht verstehen konnte. Ich blieb verstört und alles Beten konnte mich nicht mehr beruhigen. Zum Glück gelang es mir, Kopfschmerzen vorzutäuschen und mir nichts anmerken zu lassen. Noch zwei Tage durchhalten, dachte ich.

Ich irrte. Bereits am siebten Tag, einen Tag eher als erwartet, überbrachte mir Miss Delphine die entscheidende Nachricht.

Amatye azel'igazi
Steine voll Blut

Als das Unglück an jenem Abend vor mehr als drei Monaten geschah, hatte ich anfangs die Brutalität jener drei Typen nicht in ihrer ganzen Tragweite erfassen können. Ich wollte ihr Verbrechen als etwas Erklärbares sehen, als einen Raubüberfall von etwa Gleichaltrigen, die etwas besitzen wollten, was mir gehörte. Armut kenne ich schließlich von klein auf. Sie ist mir in vielen Alltäglichkeiten vertraut und versetzt mich nicht in Panik. Da gibt es die widerliche Seite von Elend und Neid und des daraus folgenden Kampfes ums Überleben. Und da gibt es die ermutigende Seite vom gegenseitigen Helfen in der Not und spontanen Gesten des Teilens und der Solidarität. Beide Seiten verstehe ich, weil sie mir einfach menschlich erscheinen.

Was mich zutiefst entsetzte und seelisch verwundete, war der grenzenlose Egoismus der Vergewaltigung, die völlige Missachtung meiner innersten Würde, nur um ihre niedrigsten Instinkte für einen kurzen Augenblick zu befriedigen. Und was wahrscheinlich ebenso schlimm war: Sie konnten nicht heilen, diese Wunden, weil all die Scham und Verlogenheit um mich herum nur den Weg neuer Lügen und noch mehr innerer Verletzungen zuzulassen schienen. Der einzige Ausweg, so glaubte ich damals, bestünde im Durchhalten dieser einmal begonnenen Strategie der Verleugnung all dessen, was geschehen war. Ich wollte nicht wissen, wer die Täter waren. Ich wollte nicht schwanger sein. Und den Mut zum Test hatte ich nur, weil er mir Hoffnung machte, auch diese letzte Bedrohung vergessen zu können.

Vor jeder anderen Möglichkeit verschloss ich die Augen, verschloss ich meinen Verstand und mein Herz. Nach außen konnte ich weiterhin stark erscheinen, gegenüber Thabang die Retterin spielen oder in der Klasse und der Theater-AG mit den anderen lachen, als sei nichts geschehen. Ich hatte gelernt, ohne Gewissensbisse kleine Ausreden zu ersinnen oder Kopfschmerzen vorzutäuschen, wo eigentlich nur die Wahrheit ans Licht wollte. Dieses Licht war, als es schließlich in voller Kraft aufblitzte, so grell, dass ich gar nichts mehr zu erkennen vermochte. Es war grell, schmerzte und bohrte sich in mich wie eine Eisenkugel.

Der Vormittag des siebten Tages nach dem Test war, abgesehen von meiner wachsenden Nervosität, ohne besondere Vorkommnisse. Ich hatte Schwierigkeiten, mich auf den Unterricht zu konzentrieren, jedoch nicht auf eine Weise, die besonders auffiel. Und dann läutete es zur kleinen Pause vor der letzten Stunde. Mrs. Pillay aus der Nachbarklasse klopfte an und bat Miss Delphine, wegen eines Anrufs ins Büro von Mr. Dlomo zu kommen. Ich hörte es, ignorierte jedoch jeden möglichen Zusammenhang mit mir. Acht Tage, hatte der Arzt gesagt. Acht Tage, acht Tage ... ging es in meinem Kopf herum.

Miss Delphine kehrte pünktlich zum Stundenbeginn in die Klasse zurück und verhielt sich äußerlich weiter völlig normal. An der Art jedoch, wie sie beim Hereinkommen meinem fragenden Blick auswich, erkannte ich schlagartig, dass dies der entscheidende Anruf gewesen sein musste.

Von diesem Augenblick an suchte ich beinah krampfhaft ihre Aufmerksamkeit, begann jede ihrer Bewegungen im Klassenzimmer, die Tonlage ihrer Stimme, die Veränderungen ihres Gesichtsausdrucks zu deuten. Warum zwinkerte sie mir nicht ein einziges Mal erlösend zu? Natürlich konnte sie nicht einfach rufen: Thina, alles in Ordnung, du bist nicht infiziert! Aber wenigstens eine kleine Geste hätte sie doch machen können! Oder nicht? Gab es keine einfache Geste mehr für das, was sie mir mitzuteilen hatte?

Wie durch einen Nebel dämmerte mir, dass jener Lichtstrahl der Wahrheit unerbittlich auf mich zugerast kam. Wie in Zeitlupe sah ich, dass dieses Licht sich zu einer Kugel formte und Kurs auf mich nahm, langsam größer werdend, langsam, langsam, während ich selbst erlahmte, unfähig, mich noch weiter zu verstecken oder auch nur von der Stelle zu bewegen.

Als Lindi mich anstieß, um mir einen Zettel zuzuschieben, und ich nicht reagierte, flüsterte sie unsicher: »*Uphilile,* Thina – alles okay?«

Ich starrte nur noch auf die Tischplatte vor mir.

Beim Klingelzeichen sprangen alle auf und packten ihre Taschen, um nach Hause zu gehen. Einige schauten erstaunt, weil ich mich noch immer nicht bewegte. Lindi und Thabang kamen besorgt auf mich zu. Thabang legte eine Hand auf meine Schulter und sprach ruhig auf mich ein: »Willst du dich hinlegen? Hast du Schmerzen?«

Ich blickte weiter starr vor mich hin, bis Miss Delphine endlich einschritt, Thabang und Lindi zur Seite nahm und sie leise bat, das Klassenzimmer zu verlassen, da sie unter vier Augen mit mir sprechen müsse. Thabang sagte, er werde draußen auf mich warten, wie lange es auch dauern würde.

Als beide die Tür hinter sich geschlossen hatten, zog Miss Delphine sich einen Stuhl heran und setzte sich ganz dicht neben mich. »Der Doktor hat angerufen, Thina«, begann sie ruhig und ernst und ich fühlte nun bereits, was sie gleich sagen würde.

Es war, als würden alle Schrecken jenes Abends mit vielfacher Gewalt zurückkehren. Alle meine Glieder begannen zu schmerzen und mein Atem ging schwer, als würde die Last sämtlicher aufgetürmter Lügen ungeschützt auf mich einstürzen. Mutters Gesicht verwandelte sich in eine hasserfüllte Grimasse, selbst Thabangs freundliche Züge verzerrten sich zu bitterer Enttäuschung. Schande!, schrie Mutter in gellendem Ton, Schande, Schande, Schande! In die Halluzination mengte sich Thabangs tiefe Stimme, der mich anzuspucken schien und dabei in abwechselndem Rhythmus mit Mutter hervorstieß: Lügnerin! Lügnerin! Lügnerin!

Wie aus großer Ferne spürte ich Miss Delphines Hände auf meinen bebenden Schultern. »Thina, ich werde dir beistehen ... Millionen Menschen sind infiziert ... es kann noch Jahre dauern, bis die Krankheit wirklich ausbricht ... vielleicht wird doch noch ein Mittel gegen AIDS gefunden ...«

Lieber Gott, ich hatte den Test doch nur gemacht, um vergessen zu können. Jetzt würde ich niemals mehr vergessen können! Die Erinnerung würde mich überallhin verfolgen. Kein Zuhause mehr, ausgestoßen, keine Familie, keine Freunde ... wieder tauchten Mutters und Thabangs Fratzen wie zur Bestätigung aller Ängste in meinen entsetzlichen Phantasien vor mir auf und schrien unaufhörlich: Schande ... Lügnerin ...!

Durch das stoßweise, unregelmäßige Atmen hatte ich mich allmählich selbst in einen rauschartigen Zustand versetzt. Selbst Miss Delphines besorgtes Gesicht begann sich vor meinen Augen zu verzerren. Ich konnte sie nur noch mit Mühe verstehen, da andere Stimmen sie zu überlagern schienen, bevor alles in ein dröhnendes Rauschen überging, die Farben um mich herum verblassten und schließlich die Tischplatte, auf die ich die ganze Zeit krampfhaft gestarrt hatte, sich langsam nach oben bewegte, während der Stuhl unter mir nachgab und mich in Dunkelheit und Tiefe abgleiten ließ. Keinerlei Widerstand setzte ich dem entgegen. Das Versinken in ein schwarzes Nichts schien mir angemessen, wie das Gewähren eines letzten Schutzes, des allerletzten, den es für mich noch gab und gegen den mich zu wehren ich keinerlei vernünftigen Grund finden konnte ...

Es brauchte einige Zeit, bis ich herausbekam, wie lange ich ohnmächtig gewesen war. In der Phase der Dunkelheit hatte es durchaus Momente gegeben, in denen ich spürte, wie mir jemand eine warme Flüssigkeit einzuflößen versuchte oder mein Gesicht mit einem feuchten Tuch gekühlt wurde. Ich tauchte jedoch nicht wirklich auf, hatte keinerlei Wahrnehmung von Tag oder Nacht oder den Menschen, die sich in meiner Umgebung aufhielten. Oma berichtete mir später, dass es acht Tage waren, die ich unansprechbar blieb.

Als ich am neunten Tag aufwachte, schaute ich in die Gesichter von Oma und Thabang, die neben meinem Bett saßen und mich sorgenvoll musterten. Mein erstes Gefühl war das der völligen Erschöpfung und wohl auch Enttäuschung, dass ich zurückkehren musste in eine Welt, die mich doch über kurz oder lang ausstoßen würde. Oder hatte Miss Delphine das Testergebnis tatsächlich für sich behalten? Aber wollte ich überhaupt noch weiterleben mit der Last der Lügen?

Nachdem ich einen großen Schluck Wasser getrunken hatte, sagte Thabang: »Thina, wir hatten solche Angst um dich! Miss Delphine sagte, du hättest eine schlimme Nachricht erhalten, aber nur du könntest entscheiden, wem du davon erzählen willst.«

Miss Delphine hatte also dicht gehalten! Was war sie doch für ein besonderer Mensch! Ich konnte ungefähr ahnen, wie Mutter ihr zugesetzt hatte.

»Und was hat Mama gesagt?«, wandte ich mich an Oma.

»Sie hat sofort den *Sangoma* gerufen, aber der konnte keine Verletzungen feststellen, deshalb war sie erst mal beruhigt. Sie hält dich einfach für ein bisschen *uphambene,* eben überdreht, und hofft, dass sich das gibt mit der Zeit«, antwortete Oma ernst. Ich spürte, dass sie nicht Mutters Meinung war und stattdessen ahnte, dass sich etwas anderes hinter meinem Zustand verbarg.

»Kann ich mit Thabang einen Moment allein reden, Oma?«, bat ich sie leise.

Sie nickte geduldig und schlurfte vors Haus. Dort setzte sie sich auf ihren Lieblingsstuhl, der auf der *stoep* im Schatten stand, da es drinnen stickig und heiß war.

»In gut einer Woche ist Weihnachten, Thina«, sagte Thabang, der nur kurze Hosen und ein Unterhemd trug. »Die Sommerferien haben begonnen und bald nach den Ferien hat

Shakespeares Kondom Premiere. Mary hat fürs Erste deine Rolle übernommen. Aber Lindi sagte, dass du jederzeit wieder einspringen kannst, wenn du dich stark genug fühlst.« Seine Stimme klang harmlos, aber mir schien, als wüsste er mehr, als er vorgab. Oder drohten meine Nerven nur erneut mit mir durchzugehen?

»Ich weiß nicht, ob ich überhaupt noch zur Theater-AG komme ...«, gab ich leise zurück. Plötzlich war ich fest entschlossen, offen mit ihm zu reden. Was hatte ich zu verlieren? Eine Konfrontation mit Mutter allein würde ich nicht überleben, von unseren Nachbarn und den Mitschülern ganz zu schweigen. Darauf würde ich mich gut vorbereiten müssen, wenn es überhaupt noch eine winzige Chance geben sollte, dem Ausgestoßenwerden zu entkommen. Ich brauchte einen Freund wie Thabang an meiner Seite.

»Wieso das denn?«, fragte er mit gleichzeitig arglosem wie wissendem Klang in der Stimme und füllte meinen Becher wieder mit klarem Wasser.

Ich drehte meinen Kopf zur Seite, um ihn meine Tränen nicht sehen zu lassen. Ich wollte nicht mehr lügen, aber wie sollte ich nur beginnen? Und würde ich nicht alles noch schlimmer machen, wenn ich redete? Solange ich nicht krank war, wüsste doch niemand, was mit mir los ist. Und Miss Delphine würde dicht halten. Das hatte sie bewiesen.

Gleichzeitig hatte ich so ein Bedürfnis, mit meinem besten Freund meine größte Angst zu teilen. Ich erinnerte mich an Jackie, das Straßenmädchen, von der er mit so viel Achtung gesprochen hatte, obwohl sie vermutlich infiziert war. Und hatte er nicht schon selbst erfahren, wie schlimm es ist, wenn andere einen wegen dieser elenden Krankheit verachten? Die Tränen liefen mir weiter über die Wangen, aber ich wandte mich ihm mit einem Ruck zu und sagte: »Ich will, dass du alles weißt, Thabang.«

Oma schien auf ihrem Stuhl im Schatten eingeschlafen zu sein. Thobile hörte ich mit Nachbarskindern draußen spielen und Mutter und meine anderen Geschwister waren offensichtlich unterwegs. Es war einer der wenigen Momente, wo einmal Ruhe in unserem kleinen Haus war. Beherrscht zog ich den Rotz in der Nase hoch und holte tief Luft. Als ich gerade den Mund aufmachen wollte, um zu reden, legte Thabang seine Hand in meine und sagte mit klarer Stimme: »Ich weiß, Thina.«

Erschrocken zog ich meine Hand zurück. Hatte er nicht gerade gesagt, dass Miss Delphine dichtgehalten hatte? Wieder griff er nach meinem Arm. Ich spürte, wie warm und kräftig seine Hand sich anfühlte. Ruhig fuhr er fort: »Ich weiß nicht alles, Thina. Miss Delphine hat kein Wort zu mir gesagt, seit du an jenem Mittag nach Schulschluss umgekippt bist. Aber als ich vor der Klassenzimmertür stand und auf dich wartete, hörte ich dich drinnen laut schreien und weinen: Nein, nein, ich will nicht infiziert sein, der Doktor hat sich geirrt, ich habe kein AIDS ... Das hast du ganz laut geschrien, ein paar Mal hintereinander, bis plötzlich gar nichts mehr zu hören war und ich schon Angst hatte, dass du dir etwas angetan haben könntest. Ich klopfte, aber Miss Delphine beruhigte mich und rief, dass ich noch warten solle. Erst nach einer weiteren halben Stunde durfte ich hereinkommen. Aus dem Sanitätsraum haben wir eine Trage geholt und dich zu zweit zu Miss Delphines Volvo gebracht und dann nach Hause gefahren.«

Ich schaute ihn aus weit aufgerissenen Augen an: »Und das ist alles, was du weißt?«

Thabang schüttelte den Kopf: »Thina, seit jenem Nachmittag habe ich nicht mehr geruht, um die volle Wahrheit herauszubekommen. Ich wusste ja, dass du niemals Drogen gespritzt und noch nie mit einem Mann Sex hattest. Dann fiel mir ein, wie verstört du nach jenem Überfall damals warst. Ich begann Leute zu fragen, die dich an jenem Abend nach Hause hatten laufen sehen. Sie sagten, du seist beinah nackt gewesen. Und da habe ich zwei und zwei zusammengezählt ...«

»Aber Thabang, außer Mutter und Oma und unserem *Sangoma* weiß bisher nur Miss Delphine die volle Wahrheit jenes Abends. Und bis jetzt wissen allein sie, der Arzt und du, dass ich infiziert bin. Bist du denn nicht böse, dass ich dir gegenüber lange Zeit nicht ehrlich war?«

»Du hast mich ja nicht belogen. Du hattest einfach wahnsinnige Angst und wusstest nicht, wie du es sagen solltest, stimmt's?«

Ich nickte und schon wieder stiegen Tränen auf. Diesmal aber vor Glück, dass Thabang zu mir hielt, ohne dass ich ihn darum bitten musste.

»Die Wochen auf der Straße waren schlimm, Thina, aber ich habe dort gelernt, nur noch auf das Innere eines Menschen zu achten. Und du hast mich dort weggeholt. Habe ich dir nicht gesagt, dass ich das niemals vergessen werde?«

Spontan richtete ich mich auf und umarmte meinen besten Freund. Mir war noch etwas schwindlig vor Schwäche, aber er hielt mich fest in seinen Armen. Ich wollte etwas sagen, mich irgendwie bedanken, aber ich schluchzte nur vor mich hin, vor Freude über ein wunderbares Gefühl, das ich an jenem Tag noch nicht Liebe zu nennen wagte.

Als er mich nach einer ganzen Weile sanft zurück auf das Kissen sinken ließ, merkte ich, dass er noch etwas sagen wollte. »Thina, ob du es glaubst oder nicht: Ich habe eine heiße Spur, wer die drei Täter waren an jenem Abend!«

»Wie kommst du darauf, dass es drei waren?«, entgegnete ich erstaunt.

»Es gibt einen Zeugen. Lebo, ein Junge von den *Amaqhawe,* der in der Gegend auf Patrouille war und den ich gut kenne, hatte die drei Eindringlinge von den *Iintsara* schon eher bei der Müllkippe gesehen. Dann verlor er sie aber plötzlich aus den Augen, und als er sie etwa eine Stunde später auf der Hauptstraße NY 1 wieder traf, auf neutralem Boden, wo er nichts machen konnte, da hatten sie eine Schultasche bei sich, auf die genau die Beschreibung zutraf, die ich von deiner geklauten Tasche gab. Das war doch so ein heller Rucksack mit neongrünen Reißverschlüssen, nicht?«

In einer Mischung aus Faszination und Angst nickte ich. Was war alles passiert in den Tagen meiner Bewusstlosigkeit ... Aber hatte Thabang auch herausbekommen können, wer sie waren und wo sie wohnten?

»Morgen Nacht weiß ich mehr«, antwortete er und senkte dabei seine Stimme. Sein Gesichtsausdruck wurde so hart, wie ich es zuletzt am Hafen beobachtet hatte. Leise fuhr er fort: »Lebo hat herausbekommen, wo und wann sie sich regelmäßig außerhalb von Gugs treffen. Wenn ich sie dort finde, bringe ich sie um. Das schwöre ich dir, Thina! Und du musst darüber ebenso schweigen wie ich über das Ergebnis deines Bluttests!«

»Das darfst du nicht tun!«, rief ich entsetzt. Immerhin waren sie zu dritt, vielleicht gab es auch noch mehr Bandenmitglieder bei dem Treffen. Und selbst wenn ihm sein Vorhaben gelänge, würde er als Mörder angeklagt werden. »Du musst alles, was du weißt, der Polizei sagen, Thabang!«

Ich sprach so laut, dass er mir den Finger auf den Mund legte und nachdrücklich flüsterte: »Pssst, Thina. Mach dir keine Sorgen, ich hab was gelernt auf der Straße. Ich habe einen absolut sicheren Plan für morgen Nacht und die drei Schweinehunde werden büßen.«

»Bitte, tu es nicht, Thabang!«, flehte ich leise. »Du wirst nur neues Unglück über uns bringen.«

Bevor wir weitersprechen konnten, kam Thobile mit einigen seiner Spielfreunde hereingerannt, um sich etwas zu trinken zu holen. Als er sah, dass wir miteinander redeten, kletterte er ausgelassen auf mein Bett. »Thina, Thina!«, rief er froh. Seinen Freunden erklärte er: »Thina lebt wieder!«

Es wurde schwierig, im Beisein der anderen, die nach und nach heimkehrten, weiter über Thabangs Plan zu sprechen. Als Mutter abends von ihrer Arbeit zurückkam, zeigte sie sich erleichtert und meinte zu Oma: »Siehst du, Thina ist nicht so leicht unterzukriegen.«

Mehrmals versuchte ich noch Thabang von seiner Racheaktion abzubringen. Aber er blieb unerbittlich. So liebevoll er sich weiter um mich kümmerte, so unerreichbar schien er für all meine guten Argumente. Als ich vorschlug, dass wir uns nur ein einziges Mal mit Miss Delphine beraten sollten, wurde er beinah wütend. Jedenfalls sagte er knapp und mit einer Stimme, die endgültig klang: »Das ist allein meine Sache. Das geht die nichts an!«

Trotz meiner Ängste schlief ich die ganze folgende Nacht durch und wurde erst am nächsten Vormittag wach, als Thabang schon wieder irgendwo unterwegs war. Zum ersten Mal erhob ich mich aus eigener Kraft wieder von meinem Bett und wankte hinters Haus, um mich endlich wieder selbst zu waschen und frische Wäsche anzuziehen. Oma wollte mir helfen, aber ich schaffte es allein. Als ich ins Haus zurückkehrte, war bereits der Tisch mit vielen Früchten gedeckt, die sie nur für mich geschält hatte. »Du musst wieder zu Kräften kommen, Kind!«, murmelte sie ernst und achtete danach aufmerksam darauf, dass ich auch alles aufaß.

Sehnsüchtig wartete ich darauf, dass Thabang zurückkam. Heute war meine letzte Chance, ihn zu überzeugen, sein gefährliches Vorhaben aufzugeben. Bis zum Einschlafen am Vorabend hatte er mir keine weiteren Einzelheiten des Plans verraten. Wie konnte er sich nur so sicher sein, dass alles gut gehen würde?

Thabang blieb den ganzen Nachmittag weg. Als er endlich zum Abendessen auftauchte, blieb er verschlossen und mied meine Nähe. Ich fragte ihn, wo er den ganzen Nachmittag über gewesen sei, aber er murmelte nur: »Die Zeit brauchte ich, um alles vorzubereiten. Mach dir keine Sorgen und frage mich jetzt bitte nicht mehr!«

Während wir uns alle zum Schlafen hinlegten, tat er so, als würde er sich ebenfalls für die Nacht vorbereiten. Er achtete darauf, dass Thobile sich die Zähne putzte, und legte wie immer seine Hand auf Thobiles Bauch, bis der Kleine eingeschlafen war. Danach wickelte er sich leise in seine Decke, ohne sich auszukleiden. Sogar seine Turnschuhe behielt er an.

»Thabang?«, flüsterte ich in die Dunkelheit. Ich wusste, dass er nicht schlief.

Nur die ruhigen Atemzüge der anderen waren zu hören. Oma brummte etwas im Schlaf vor sich hin und begann wenig später laut zu schnarchen. Aus der Ferne näherte sich das Motorengeräusch eines Wagens. Er wurde ein paar Häuser weiter geparkt. Kurz darauf schlugen zwei Autotüren zu. Dann war wieder Stille.

Plötzlich hockte Thabang neben mir. Er hatte sich so lautlos auf mich zubewegt, dass ich zusammenzuckte. »Psst, Thina ...«, zischte er kaum hörbar. »Hab keine Angst. Mein Plan ist gut. Ich bin vorm Morgengrauen zurück.« Bevor ich etwas entgegnen konnte, war er durchs Küchenfenster ins Freie geglitten.

Sofort sprang ich auf, lief zum Fenster und sah, wie er geduckt bis zur nächsten Straßenecke rannte, wo ein anderer Junge auf ihn wartete. Das musste Lebo von den *Amaqhawe* sein, jener Freund Thabangs, der ihm den entscheidenden Tipp gegeben hatte. Obwohl ich keinen Plan hatte, streifte ich mir nun doch so schnell ich konnte ein dunkles T-Shirt, eine Jeans und ein paar alte Turnschuhe über und öffnete vorsichtig die quietschende Haustür, die Thabang bewusst vermieden hatte.

Ich hielt einen Moment inne, um zu sehen, ob ich jemanden aufgeweckt hatte. Alle schienen ruhig weiterzuschlafen. Wirklich alle? Nein, Mangaliso hatte etwas gehört. Er richtete sich auf und sah mich im Türrahmen. Aber ich durfte keine Zeit mehr verlieren. So legte ich nur einen Finger auf den Mund und machte eine beruhigende Geste mit der Hand in seine Richtung. Dann zog ich die Tür hinter mir zu und lief hinter Thabang und Lebo her, die bereits die NY 5 verlassen und eine kleine Seitenstraße Richtung Friedhof eingeschlagen hatten. Keinesfalls durfte ich sie aus den Augen verlieren.

Es war eine schwüle Nacht und schon nach weniger als hundert Metern brach mir der Schweiß aus allen Poren. Mein T-Shirt klebte am Körper. Zum Glück war fast Vollmond, den nur wenige kleine Wolken ab und zu etwas verdunkelten. Ich merkte, dass ich noch immer schwächer war als sonst. Aber es ging um Leben und Tod und ich durfte um nichts in der Welt schlappmachen und sie verlieren.

Endlich hatten wir den Rand von Guguletu erreicht. Wie weit würde es nun noch sein? Hier begann ein von Gestrüpp bewachsenes Gelände, das immer unübersichtlicher wurde. Autowracks lagen mitten in der Landschaft herum, und nur noch in großen Abständen standen vereinzelte Blechhütten, die meistens verlassen waren. Einmal erschrak ich entsetzlich, als plötzlich ein zotteliger Hund direkt vor mir aufsprang und mich dann ebenso erschrocken anblaffte. Ich versuchte alles, ihn zu beruhigen, aus Angst, Thabang und Lebo könnten auf mich aufmerksam werden. Schließlich wurde er still und ließ sich sogar streicheln. Als ich mich wieder aufrichtete, um nach den Jungen Ausschau zu halten, musste ich feststellen, dass ich sie aus den Augen verloren hatte. Oh Gott, was nun?

Ich lauschte in die Nacht. Nichts. Nur der Zottelhund warf sich vor mir auf den Boden, um sich weiter streicheln zu lassen. »Mistköter!«, schimpfte ich ihn ratlos an.

Ich rannte noch etwa fünfzig Meter weiter in die Richtung, in der ich sie zuletzt gesehen hatte. Bis hierhin waren sie einfach querfeldein gelaufen. An dieser Stelle entdeckte ich nun so etwas wie einen halb zugewachsenen Pfad, der früher wohl häufiger benutzt worden war. Da ich keine andere Idee hatte, folgte ich diesem Weg, der sich weiter und weiter durch eine trostlose und scheinbar völlig verlassene Gegend schlängelte. Nach einer weiteren Viertelstunde war ich kurz davor aufzugeben. Vielleicht waren sie in eine ganz andere Richtung gelaufen und ich hatte sie schon lange verloren?

Erneut lauschte ich in die Nacht. Ein leichter Wind war aufgekommen und ließ ein paar trockene Blätter an den dürren Büschen rascheln. Von Thabang und Lebo keine Spur, keine Stimmen, keine Schritte, nichts. Ratlos und erschöpft setzte ich mich auf einen Felsen, der die anderen etwas überragte. Bestimmt eine weitere halbe Stunde verharrte ich beinah reglos, aber mir kam keine neue Idee. Es hatte keinen Sinn, hier länger herumzuirren. Verzweifelt musste ich mir eingestehen, dass ich die beiden verloren hatte und sich nun gleichzeitig irgendwo, vermutlich nicht mal weit von hier, eine neue Tragödie abspielen dürfte.

In dem Augenblick, als ich mich gerade erheben wollte, um langsam zurück nach Hause zu gehen, hörte ich in der Nähe einen Zweig knacken. Blitzschnell kauerte ich mich hinter den großen Stein. Wieder knackte etwas und dann noch einmal. Kein Zweifel, auf dem Pfad näherte sich jemand mit langsamen Schritten. Jeden Moment musste er unmittelbar an mir vorbeikommen. Ich hielt den Atem an und hob den Kopf, um wenigstens die Umrisse der Gestalt erkennen zu können. Niemand konnte mich hier vermuten. Vielleicht würde die Person einfach vorbeilaufen, wenn ich mich nur eng genug an den dunklen Stein kauerte.

Da: Wie ein riesiger schwarzer Schatten erhoben sich plötzlich die Umrisse einer menschlichen Figur vor mir, die sich schwer atmend und leicht hinkend fortbewegte. Sie schien mich bis jetzt nicht bemerkt zu haben. Als der Schatten genau auf meiner Höhe war, erkannte ich mit einem Schlag, wen ich vor mir hatte.

»Thabang!«

Im gleichen Moment trat der Mond zwischen zwei Wolken hervor. Fahles Licht erhellte unsere Gesichter. Wie im Reflex hatte Thabang sich geduckt und schaute mit verzerrten Zügen in meine Richtung. In seiner rechten Hand blitzte die lange Klinge eines Messers auf. »Thabang!«, rief ich erneut. »Bist du verrückt geworden? Ich bin es doch!«

Jetzt erst bemerkte ich, dass ihm Blut aus einer Wunde auf seiner Stirn übers Gesicht lief und der untere Teil der Klinge rot gefärbt war. Auch seine Hand oder sein Arm schienen verletzt, denn Blut tropfte nun auch auf die Steine des Weges und färbte die helleren unter ihnen dunkel.

Noch immer antwortete er nicht, auch wenn sich seine verzerrte Haltung etwas entspannte. Das Messer rutschte ihm aus der Hand und fiel mit einem metallischen Klang auf einen der Steine. Dann ließ sich Thabang langsam auf den Felsen sinken, hinter dem ich mich verborgen hatte, und wischte sich mit dem Handrücken erschöpft über seine blutige Stirn. Noch immer schwer atmend, stieß er endlich hervor: »Ich hab sie, Thina!«

Ubuntu
Wie ein Mensch

Noch immer tropfte Blut von seinem linken Arm. Thabang begann am ganzen Körper zu zittern. Noch nie hatte ich ihn so verwirrt und unsicher erlebt. Er wollte noch etwas sagen, aber schien es nicht über die Lippen zu bringen. Ich machte einen Schritt auf ihn zu und fühlte nach seinem Arm, um zu schauen, aus welcher Wunde das Blut lief. Zwischen zusammengebissenen Zähnen stotterte er schließlich ganz leise: »Hilf mir ... Thina, bitte hilf mir ... so wollte ich ihn doch nicht töten ...«

Was immer geschehen sein mochte, niemals würde ich Thabang im Stich lassen. Um meine eigene Aufregung nicht überhand nehmen zu lassen, versuchte ich mich zunächst auf die lebenspraktischen Notwendigkeiten zu konzentrieren: Resolut packte ich den linken Ärmel seines Hemdes und trennte ihn mit einem Ruck in Höhe der Schulter ab. Danach riss ich den Ärmel in mehrere kleine Streifen und suchte nach der Wunde. Es gab einige Schrammen und Risse, aber dann fand ich einen klaffenden Schnitt in seinem Oberarm, aus dem im Rhythmus des Pulses deutlich Blut hervorquoll. So gut es mit den paar Stofffetzen ging, legte ich ihm einen Druckverband an. Allmählich ließ die Blutung nach. Wir atmeten beide tief durch und setzten uns nebeneinander auf die Erde.

Nach einer Ewigkeit begann er endlich zu reden: »Der Plan war so gut, aber es hat nicht alles hingehauen, wie ich dachte ...«

»Was war dein Plan?«

»Von Lebo und den *Amaqhawe* hatte ich mir ein Fangnetz besorgt, weißt du, so ein großes, mit dem man selbst Löwen fangen kann, und am Nachmittag den Eingang zur Höhle der *Iintsara* damit präpariert. Sie ist hier ganz in der Nähe, mitten in einem Dornengestrüpp, wo ich das Netz perfekt tarnen konnte. Lebo selbst wollte sich heraushalten und mir nur den Weg zeigen. Also musste ich einen Plan haben, um sie auch allein überwältigen zu können.«

»Woher wusstest du, dass nicht noch viel mehr Bandenmitglieder der *Iintsara* zu dem Treffen kommen würden?«

»Ich wusste es nicht. Im schlimmsten Fall hätte ich es verschieben müssen. Aber Lebo hatte gehört, dass die anderen zu einer Party in Gugs gegangen waren, die drei jedoch vorhatten, die Beute von einem anderen Überfall untereinander zu teilen ...«

»Woher weiß Lebo das alles?«

»Seit er einmal zufällig ihr Versteck entdeckt hatte, konnte er sie belauschen, wann immer er wollte. Er hat sich bisher nicht getraut, es seiner eigenen Gang zu melden, weil das mit Sicherheit zu einem irren Gemetzel führen würde. Ich habe ihn früher öfter beschützt, als wir noch jünger waren, und als ich ihm sagte, wieso ich dich rächen wollte, versprach er mir zu helfen. Ich habe ja sonst nichts gegen die *Iintsara,* aber ich fühlte so eine wahnsinnige Wut auf diese drei Dreckskerle, die dich ..., die deine Ehre ..., die ...« Wieder begann er zu zittern und konnte kaum weitersprechen.

»Aber was ist denn nun mit ihnen?«, rief ich ungeduldig. Ich konnte meine blanke Angst nicht mehr verbergen.

»Sie hatten auf dem Weg hierher einen Zusammenstoß mit der Polizei. Einer der beiden älteren, Nkulu, wurde dabei angeschossen und danach wohl geschnappt, denn sie hatten ihn nicht wieder finden können. Entsprechend nervös kamen die anderen beiden, Vuyo und Zweli, bei der Höhle an. Von meinem Versteck aus konnte ich jedes Wort verstehen. Alles schien besonders günstig für mich, denn nun waren sie sogar nur zu zweit. Ich war sicher, dass nichts schief gehen würde. Nkulu konnte ich mir später immer noch vorknöpfen.«

»Ich will wissen, was du mit ihnen gemacht hast, Thabang!«, schrie ich ihn an, ohne noch darauf zu achten, ob uns jemand hören könnte.

»Ich will dir ehrlich sagen, was ich mir, nachdem ich alles wusste, in den letzten Nächten, als ich neben deinem Bett gewacht habe, vornahm: Wenn ich die Täter je finden würde, wollte ich sie mit einem Messer kastrieren und danach fesseln und bei lebendigem Leib mit Benzin übergießen und anzünden. Nur so konnte ich in jenen Tagen und Nächten äußerlich meine Ruhe bewahren. Mit diesem Gedanken im Kopf kappte ich das Fangnetz in dem Moment, als sie ihre Höhle wieder verlassen wollten. Sekunden später hingen sie hilflos wie gefangene Ratten in den gespannten Seilen.«

Es hatte keinen Sinn, Thabang erneut zu unterbrechen. Ich musste seine schreckliche Geschichte bis zum bitteren Ende anhören.

Mit gepresster Stimme fuhr er fort: »Erst fesselte und knebelte ich Zweli, den Älteren, danach Vuyo, den Jüngeren, sodass sie sich keinen Zentimeter mehr bewegen und auch nicht mehr um Hilfe schreien konnten. Danach holte ich mein Messer heraus, schnitt ihre Hosengürtel durch und riss ihnen die kurzen Hosen herunter, samt Unterhosen. Ich wollte, dass sie wissen, wofür sie büßen müssen, und zischte ihnen zu: ›Erinnert ihr euch noch an das Mädchen mit dem blauen Rucksack? Erinnert ihr euch noch an jenen Abend auf der Müllkippe, als ihr und Nkulu zeigen wolltet, was ihr für tolle Hechte seid?‹ An ihren weit aufgerissenen Augen erkannte ich, dass sie allmählich begriffen, worum es ging und was sie erwartete.« Schweißtropfen hatten sich auf seiner Stirn gebildet. Die Platzwunde am Kopf hatte aufgehört zu bluten. Es war, als würde er jede Sekunde des Geschehens noch einmal erleben. »Ich war so voller Hass und Wut, dass ich nicht hörte, wie sich von hinten jemand anschlich und mich plötzlich aus dem Dunkeln ansprang. Wäre ich nicht in allerletzter Sekunde ausgewichen, hätte mich sein Messer in den Rücken getroffen. So schnitt die Klinge nur tief in meinen Arm. Bevor er erneut zustechen konnte, hatte ich ihn zu Boden geworfen und ihn an den Beinen gepackt, sodass er ebenfalls stürzte. Das konnte nur Nkulu sein, der der Polizei doch noch entkommen sein musste und nun versuchte seine Freunde zu retten. Obwohl er sicher ebenso groß ist wie ich, kam er mir nicht besonders stark vor. Ich schlug nur einmal wirklich gezielt zu, da knallte sein Kopf nach hinten auf einen Stein ... er verdrehte wie irre die Augen, zuckte und blieb dann reglos liegen. Ich fühlte sofort seinen Puls, um sicher zu gehen, dass er nicht markierte. Aber ich konnte nichts mehr fühlen, nur meine Hand war blutig, überall war plötzlich Blut, so viel, das konnte gar nicht alles von meinem Schlag gewesen sein ...«

Thabang wischte sich mit einer Hand über die Augen, als könne er so die grausamen Bilder vertreiben.

Da er nicht weitersprach, rückte ich dichter an ihn heran und fragte erneut: »Und dann, Thabang? Was hast du dann gemacht?«

»Nichts mehr«, murmelte er. »Ich habe mein Messer gepackt und bin weggelaufen. Mit einem Schlag war ich nur noch leer und müde und unendlich erschöpft. Ich sah all das Blut ... sein Hemd, die Steine, meinen Arm und meine Hände, alles voller Blut und alles ohne Sinn. Ich ließ die beiden einfach so liegen neben ihrem toten Kumpel und rannte weg, um ... um ...« Er hob den Blick, um mich anzuschauen. »Um dich zu suchen ...«

Auch aus mir war nun alle Erregung gewichen und hatte ebenfalls einer grenzenlosen Erschöpfung Platz gemacht. Wenn man in Guguletu aufwächst, ist es unvermeidlich, dass man von Mord und Totschlag hört. Viele von uns haben als Kinder schon Leichen gesehen und einfach weitergelebt, als wäre das ganz normal. Nun saßen Thabang und ich in dieser warmen Nacht irgendwo in der Wildnis außerhalb Guguletus, hielten einander fest und fühlten uns doch ratlos und verloren. So viel Gewalt. Es schien niemals aufzuhören, niemals.

Wir hatten höchstens ein paar Minuten so still beieinander verharrt, als ich meinte, jemand hätte leise meinen Namen gerufen. Thabang hatte die Augen geschlossen und seinen Kopf auf meine Schulter sinken lassen. Unmöglich, ich musste mich getäuscht haben ... Da! Da war es wieder – kaum hörbar, aber sehr nahe: »Thina ...« Ich wagte mich nicht zu rühren und flüsterte nur ängstlich Thabang ins Ohr:

»Hörst du denn nichts? Da ruft jemand meinen Namen.« Er öffnete erschöpft die Augen und sah mich ungläubig an. Und noch einmal: »Thina ...«

Vorsichtig löste ich mich aus Thabangs Umarmung und erhob mich. Als ich aufrecht stand, schob sich ein Kopf über ein Gebüsch und eine Hand winkte mir zu: »Thina, ich bin es ...« Es war Mangaliso. Er musste mir heimlich gefolgt sein, nachdem ich das Haus verlassen hatte. Wie froh war ich, jetzt meinen älteren Bruder zu sehen. Es schien mir wie ein Wunder, dass er uns hier aufgespürt hatte, beinah eine Stunde Fußmarsch von daheim entfernt.

»Das haben wir gelernt, als der ANC noch illegal war und wir meistens nachts operierten ...«, sagte er ruhig und schüttelte Thabang auf traditionelle Weise dessen gesunde Hand. In der Tat sprach und bewegte sich Mangaliso hier auf freiem Feld und mitten in der Nacht offenbar sicherer als am Tage vor unserem Haus auf der Straße. Dann kniete er neben Thabang nieder und legte einen Arm um seine Schulter. »Du wirst uns jetzt zu der Höhle führen, *bhutana!*« Er nannte Thabang »kleiner Bruder« und hatte offenkundig unserem Gespräch schon eine Weile zugehört.

Obwohl Thabang wirklich kein Typ ist, der widerspruchslos die Befehle eines anderen befolgt, erhob er sich ohne Murren und umarmte Mangaliso sogar, bevor er uns voran in das immer undurchdringlicher werdende Dickicht ging. Dann folgte ich und als Letzter Mangaliso. Thabang und ich traten ab und zu auf einen Ast oder machten ein scharrendes Geräusch, wenn wir über einen glatten Stein rutschten. Von Mangaliso hörte man nicht den leisesten Ton, dabei humpelte er noch immer.

Nach weniger als zehn Minuten legte Thabang einen Finger auf den Mund und deutete auf einen knorrigen Dornbusch, an dem ich nichts Auffälliges entdecken konnte. Mangaliso machte uns ein Zeichen zu warten und schlich dann selbst lautlos voran. Einen Augenblick später war er zwischen den Ästen verschwunden. Dann ein kurzer Pfiff und seine Stimme:»Kommt!«

Thabang nahm mich an der Hand und gemeinsam stolperten wir hinterher. Kurz bevor das dornige Gestrüpp vollends undurchdringlich wurde, ging es auf einmal einen kleinen Hang abwärts. Dahinter lag eine offene Fläche, an deren Ende flackerndes Licht den Eingang zu einer halb in die Erde gegrabenen Höhle erkennen ließ. Da tauchte auch schon Mangaliso mit einer Fackel in der Hand auf und winkte uns, näher zu kommen. Bevor wir durch den Eingang kletterten, hielt mich Thabang am Arm und fragte:»Willst du wirklich mit hinein? Du wirst auf diejenigen treffen, die all deinen Schmerz verursacht haben.«

Wenn ich mich irgendwo auf der Welt bis heute sicher fühle, dann in der Nähe von Mangaliso und Thabang. »Ich will mit!«, sagte ich, selbst von der Klarheit meiner Stimme überrascht.

Das Erste, was ich in der halb in die Erde gegrabenen und halb von Brettern, Ästen und Gestrüpp überdeckten Höhle wahrnahm, waren die beiden gefesselten Jungen, die uns halb entblößt und mit angstvoll aufgerissenen Augen anstarrten. An den Kleineren, der angeblich Vuyo hieß und höchstens dreizehn oder vierzehn war, konnte ich mich überhaupt nicht erinnern. Auch an dem Älteren, den Thabang Zweli genannt hatte, entdeckte ich zunächst nichts, woran ich ihn hätte identifizieren können. Während wir noch in der Nähe des Eingangs standen, befreite Mangaliso die beiden von ihren Knebeln und schnitt ihnen die Fesseln an Beinen und Füßen durch, sodass sie aus eigener Anstrengung mit dem Rücken gegen die Erdwand rutschen konnten. Dann warf er ihnen eine Decke über, die er wie die Fackel in der Höhle gefunden haben musste.

»*Uxolo* ... vergebt mir!«, flüsterte der Ältere. Und als er den Mund öffnete, erkannte ich plötzlich die Zahnlücke, die mich bis in meine Albträume hinein verfolgt hatte. Sie war so ungewöhnlich, dass ich völlig sicher war, auch wenn ich mich sonst an sein Gesicht kaum erinnern konnte.

»Er ist einer von beiden ...«, sagte ich leise zu Thabang und Mangaliso. Ich sprach ruhig und beinah ohne jedes Gefühl.

Vuyo, der Jüngere, hatte sein Gesicht abgewandt und schien völlig erstarrt. Nur an seinen geöffneten Augen, die ins Nichts starrten, war zu erkennen, dass er am Leben war. Wo aber war Nkulu geblieben, den Thabang tot oder zumindest schwer verletzt zurückgelassen hatte?

Suchend blickte ich mich um. Die Fackel warf unruhige Schatten, aber so groß war die Höhle nicht, dass man nicht alles übersehen konnte. Mangaliso hatte meinen Blick bemerkt und machte mit dem Kopf eine Bewegung zum hinteren Teil. Dort war eine weitere Decke über etwas gebreitet, was ich mir erst jetzt als den ausgestreckten Körper eines Menschen vorstellen konnte.

»Du hast ihn nicht getötet, Thabang«, sagte Mangaliso so laut, dass es auch die beiden Jungen hören konnten. »In seinem Bauch stecken mehrere Gewehrkugeln. Es ist ein

Wunder, dass er es überhaupt bis hierher geschafft hat und dich noch angreifen konnte.«

Thabang blieb ernst und wandte sich von uns ab. Im gleichen Moment gab Vuyo einen entsetzlichen Schrei von sich, ohne sich jedoch aus seiner Erstarrung zu lösen. Erschrocken wandten wir uns ihm zu. Im Schein der Fackel war lediglich das Glitzern von Tränen zu erkennen, die ihm über die Wangen liefen. Es war unmöglich, seinem Blick zu begegnen.

»Nkulu war sein großer Bruder …«, flüsterte Zweli nach einer längeren Pause.

»*Akukho kufa kunjani* – er konnte dem Tod nicht entkommen«, sagte Mangaliso zu den beiden gewandt. Danach ging er kurz zum vordersten Schlupfloch beim Dornbusch und legte dort in einem mehrere Meter großen Radius Zweige aus, die uns mit ihrem Knacken warnen würden, falls sich weitere *Iintsara*-Mitglieder nähern sollten.

Als er wieder bei uns war, bat er Thabang und mich, uns auf die Erde zu setzen und mit den Tätern zu fünft einen Kreis zu bilden. »Bevor die Sonne aufgeht, müssen wir einander tief genug in die Seele geschaut haben, um zu wissen, wie wir diese Höhle verlassen können …« Nach diesen Worten schloss er die Augen und bewegte nur noch seinen Oberkörper langsam vor und zurück. Dabei murmelte er Worte, die ich nicht verstehen konnte. Ab und zu hielt er inne mit der schaukelnden Bewegung und schaute abwechselnd einem von uns direkt in die Augen.

Ich spürte, dass von seinem Tun eine eigenartige Kraft ausging, die sich nicht greifen ließ und doch spürbar im Raum anwesend war. Trotz dieser Faszination gelang es mir nicht, es ihm mit der gleichen Aufmerksamkeit nachzutun. Eine unglaubliche Erschöpfung überfiel mich, die mich zentnerschwer zu Boden drückte. Mit Mangaliso und Thabang neben mir fühlte ich mich beschützt genug, diesem Sog in die Dunkelheit schließlich nachzugeben. Alles in mir war nur noch ein schweres Pochen im Kopf, eine bleierne Mattheit, die mich in einen tiefen, traumlosen Schlaf sinken ließ.

Ich kam erst wieder zu mir, als ich spürte, wie jemand meine Hand ergriff und vorsichtig rieb, um mich zu wecken. Es war Thabang, der meine Hand hielt, und mit der anderen ... aber das konnte nicht sein, träumte ich etwa? Mit der anderen Hand hielt er eine Hand von Zweli fest, der nicht mehr gefesselt war und seinerseits eine Hand von Mangaliso ergriffen hatte. Nur Vuyo hockte noch immer steif, jedoch nicht mehr gefesselt, an der Stelle, wo er an der Wand gelehnt hatte, als ich eingeschlafen war. Was war geschehen?

Mangaliso bemerkte meinen verwirrten Gesichtsausdruck. »Vuyo und Zweli sind nicht von bösen Geistern besessen, Thina. Unsere Tradition von *ubuntu* hat mir geholfen, tief in sie hineinzusehen. Willst du wissen, was ich gesehen habe?«

Ich nickte, auch wenn ich kein Wort verstand.

»Wir können nur Menschen werden, wenn wir das Menschliche im andern so lange suchen, bis wir es finden. *Umntu ngumntu ngabantu* – ich bin, was ich bin, durch dich. Nkulu, Vuyo und Zweli haben Schlimmes auf sich geladen. Ihre böse Kraft war so groß geworden, dass sie auch Thabang blind vor Hass haben werden lassen.«

»Aber gab es dazu etwa keinen Grund?«, rief ich dazwischen, nicht böse auf Mangaliso, aber doch ratlos, worauf er hinauswollte. Sollte ich etwa vergessen, was die drei mir angetan hatten?

»Nichts sollst du vergessen. Nur stärker sollst du werden, klüger, menschlicher, Thina. Du kannst es!«, sagte Mangaliso. »Unsere Ahnen haben viel mehr als wir heute von den Tieren um sich herum gelernt. Eine Weisheit hieß: *Indlovu ayisindwa ngumboko wayo* – keinem Elefanten ist der eigene Rüssel zu schwer. Wir sollen lernen, stark genug zu werden, um unsere Probleme selbst zu tragen, mit Würde, aufrecht, und sie nicht immer nur weiterzugeben, zu verlängern, und damit immer neues Unglück zu schaffen.«

»Lass Zweli zu Thina sprechen«, schlug Thabang vor.

Zweli räusperte sich und begann dann mit leiser Stimme: »Ich habe dir Schlimmes angetan, Thina ... Ich weiß nicht, ob Nkulu auch infiziert war, aber ich bin HIV-infiziert. Es gab einen *Sangoma* im Dorf meiner Großeltern, der gesagt hat, dass man wieder gesund werden könne, wenn man mit einer Jungfrau Sex hätte. Ich habe niemals wirklich dran geglaubt. Aber an jenem Abend hatten wir viel getrunken, und dann haben wir uns immer mehr in diesen Gedanken hineingesteigert. Mit nichts kann ich das alles entschuldigen oder wieder gutmachen, aber ich ... ich möchte dich um Vergebung bitten ...«

Von Mangalisos Erklärungen hatte ich in jener Nacht längst nicht alles verstanden. Es war auch nicht so, dass mir Zweli nun plötzlich sympathisch geworden wäre. Es war etwas anderes, was ich deutlich spürte, auch wenn sich sonst alles in mir dagegen sträubte: Dieser Kerl sagte die Wahrheit, so tief und ehrlich, wie er es vermochte. Er sagte mir seine Wahrheit, so unvollkommen und schuldhaft sie auch gewesen sein mag. Und indem er mich um Vergebung bat, gab er mir zwar nicht meine Gesundheit zurück, aber einen wesentlichen Teil meiner Würde.

Ich war nicht wie Mangaliso oder Zweli in der Lage, kluge Worte zu sprechen. Es tat mir gut, was hier geschah, weil es mich von etwas Schrecklichem erlöste, das ich zu diesem Zeitpunkt nicht genauer benennen konnte. Und auf einmal sah ich, dass es auch Thabang von seinem Hass erlöste. Und meinen großen Bruder Mangaliso, der so lange geschwiegen hatte, der erst seit kurzem wieder sprach und nun wie durch ein Wunder, das er selbst herbeigeführt hatte, geheilt schien.

»Ich will darüber nachdenken ...«, gab ich ernst, aber nicht abweisend zurück. Meine Familie würde endgültig darüber entscheiden, wie mit seinem Verbrechen umzugehen war. So gebot es jedenfalls unsere Tradition. Ich würde über alles neu nachdenken müssen.

Zweli schaute mich dankbar an, aber ich blieb auf Abstand. »Du wirst in jedem Fall ab sofort unter dem persönlichen Schutz aller *Iintsara* stehen ...«, fügte er ebenso ernst hinzu.

»Ob ich das will, muss ich mir erst noch überlegen«, antwortete ich nüchtern.

Und Thabang ergänzte: »Kümmert ihr euch mal vor allem um Vuyo!«

Vuyo zuckte zusammen, als er seinen Namen hörte. Es war deutlich, dass er noch immer unter Schock stand und unser Gespräch nicht verfolgt hatte. Wir anderen beschlossen, alle Spuren unseres Treffens hier zu beseitigen und die Höhle dann zu verlassen, um noch im Schutz der Dunkelheit nach Hause zu gehen. Zweli würde dafür sorgen, dass seine Kumpels von den *Iintsara* den toten Nkulu noch vor Tagesanbruch aus der Höhle schafften, bevor sie seine Familie informierten. Der Familie sollte es dann überlassen bleiben, ob und wann sie die Polizei informierten und Anzeige erstatteten.

Es dauerte nur wenige Minuten, bis wir unter Anleitung Mangalisos alles zusammengeräumt oder beseitigt hatten. Als Zweli den noch immer verwirrten Vuyo aufforderte aufzustehen und mit uns die Höhle zu verlassen, sprang er hoch und lief stattdessen nach hinten, wo er sich neben seinem toten Bruder auf den Boden warf.

»Komm mit uns, Vuyo!«, redete Zweli auf ihn ein. »Dein Bruder wird noch heute Nacht von unseren Leuten abgeholt und zu deiner Familie gebracht.«

Aber Vuyo schien weder Zweli zu hören noch uns andere zu sehen. »Lass ihn hier, Zweli«, sagte Mangaliso. »Aber achte darauf, dass deine Leute gut mit ihm umgehen.«

»Ich werde sie selbst hierher zurückführen«, versicherte Zweli leise.

Wir verließen zu viert das Versteck der *Iintsara* und es schien fast, als würden wir nun zusammengehören. Nicht nur Thabang, Mangaliso und ich, sondern auch der ältere Zweli, obwohl meine Familie, wenn nicht gar der ganze Clan, zweifellos noch über ihn zu Gericht sitzen würde. Er war in dieser Nacht zwar nicht zum Freund geworden, doch war er auch kein gesichtsloses Ungeheuer mehr. In jedem Fall verspürte ich ihm gegenüber keinerlei Bedürfnis nach Rache mehr.

Ich wusste nach dieser Nacht, dass ich meinen Kampf gegen die Krankheit nicht mehr allein würde führen müssen.

Thabang und Mangaliso waren ohne Wenn und Aber auf meiner Seite. Zweli würde den Kampf gegen Diskriminierung von HIV-Positiven und AIDS-Kranken in seiner Gang selbst führen müssen. Blieben für mich nun vor allem meine Mutter, Oma und die jüngeren Geschwister.

Dass sich Mutter von allen am schwersten tun würde, ahnte ich. Dass sie so hart sein konnte, wie ich es bald darauf erfahren sollte, hatte ich mir in meinen schlimmsten Phantasien nicht vorstellen können.

Umtya owomeleleyo
Ein starkes Seil

Tatsächlich schafften wir es, vor Tagesanbruch wieder daheim zu sein. Von Zweli hatten wir uns schon am Stadtrand getrennt. Bevor wir hineinschlichen, halfen Mangaliso und ich noch Thabang, sich hinterm Haus zu waschen und das blutverschmierte Hemd bei der Gartenmauer zu vergraben. Als wir endlich drinnen waren, begann draußen der Tag zu dämmern. Mutter murmelte nur schlaftrunken im Halbdunkel: »Wieso steht ihr drei denn schon auf?«

»Wir gehen gerade zu Bett«, flüsterte Mangaliso undeutlich zurück. Zum Glück erkannte Mutter, verschlafen, wie sie war, das Verräterische seiner Aussage nicht, sondern drehte uns nur den Rücken zu, um noch ein wenig zu ruhen, bevor der Wecker sie gleich als Erste aus dem Bett scheuchen würde. An den meisten Tagen musste sie, wie viele andere Leute in Guguletu, die lange Wege zu ihren Arbeitsstellen hatten, sogar im Dunkeln aufstehen.

Wir drei dagegen schliefen lange in den Tag hinein. Zu groß war die Erschöpfung gewesen. Bei Thabang kamen die Verletzungen noch hinzu. Ohne Fragen zu stellen, hatte Oma dafür gesorgt, dass uns niemand störte. Als ich als Erste von uns am frühen Nachmittag aufwachte, sah ich sie in ihrem Stuhl auf der *stoep* sitzen und hörte, wie sie mit gedämpfter Stimme zu zweien unserer Brüder sagte: »Nein, ihr könnt euch mit euren Freunden jetzt nicht drinnen treffen. Mangi und Thina mussten mit Thabang letzte Nacht etwas Wichtiges erledigen und brauchen jetzt Ruhe!«

Wenig später schlugen auch Mangaliso und Thabang die Augen auf. Thabangs Wunde hatte wieder geblutet und einen dunklen Fleck auf der Decke über seinem Arm hinterlassen. Ich fand, dass er dringend zu einem Arzt gehen sollte, um endlich einen richtigen Verband zu bekommen. Als Oma hörte, dass wir leise miteinander zu sprechen begonnen hatten, kam sie ins Haus und gab uns jedem einen Teller mit Suppe. »Was immer letzte Nacht geschehen ist, ihr müsst gut essen«, sagte sie. Thabangs Wunden waren ihr längst aufgefallen, aber sie hatte auch jetzt noch genug Geduld zu warten, bis wir selbst zu erzählen begannen.

Es war schließlich Mangaliso, der sich neben sie auf die *stoep* setzte und ihr leise alles mitteilte, was in der Nacht geschehen war. Wir hatten überlegt, dass es gut wäre, mit Oma zu sprechen und sie um Rat zu bitten, bevor Mutter abends heimkäme. In der Zwischenzeit holte ich Verbandszeug und Medikamente von einem Nachbarn, der in der Küche eines Altersheims in Kapstadt arbeitete und oft derartige Vorräte im Haus hatte, da Thabang sich weigerte, zu einem Arzt ins Krankenhaus zu gehen. »Dort stellen sie nur unnötige Fragen, und falls doch die Polizei eingeschaltet wird, könnte das immer noch unangenehm für mich werden«, erklärte er nachdenklich.

Nachdem ich zurück war, legte ich Thabang, so gut ich konnte, einen frischen Verband an. Während er trotz der Schmerzen nur die Zähne zusammenbiss und keinen Laut von sich gab, waren Oma und Mangaliso immer noch in ihr Gespräch vertieft. Sie redeten so leise, dass selbst wir nichts davon verstehen konnten. Nach einer weiteren Ewigkeit erhob sich Oma mühsam aus ihrem Stuhl und kam mit Mangaliso zurück ins Haus geschlurft.

Zuerst ging sie auf mich zu und umarmte mich, ohne ein Wort zu sagen. Dann schaute sie sich aufmerksam Thabangs verbundenen Arm an und strich ihm fürsorglich mit ihrer faltigen Hand über seine Stirn. Gespannt starrten wir sie an. Schließlich sagte sie: »*Sizakufunda ukulala ngenxeba* – wir müssen lernen, mit unseren Wunden zu schlafen...« Das bedeutet so viel wie: Es sind schlimme Dinge geschehen, aber sie werden noch schlimmer, wenn wir sie nicht akzeptieren. Ihre Stimme klang klar und längst nicht so heiser wie sonst oft.

»Und Mutter?«, fragte ich sorgenvoll.

»Es wird schwer. Sie schuftet für uns alle und hat dabei nur ein Ziel vor Augen: Herauszukommen aus dem Elend, und wenn sie es schon nicht schaffen sollte, dann ihr ... ihre Kinder ... Sie will den Vorfall am liebsten vergessen, glaube ich.«

»Was sollen wir tun, *Makhulu*?«

»Lasst mich erst mit ihr reden. Danach soll die Familie zusammenkommen. Auch die anderen müssen gehört werden.«

Wir waren Oma dankbar, dass sie das für uns tun wollte. Aber dann war es Mutter, die uns als Erste überraschte.

Als wir noch gar nicht mit ihr rechneten, stand sie plötzlich strahlend in der Tür und hatte zwei schicke Riesen-Plastiktüten eines Kapstadter Warenhauses unter dem Arm, in dem wir wegen der horrenden Preise noch nie etwas gekauft hatten. Ohne die Tür hinter sich zu schließen, kam sie herein und knallte beide Tüten vor uns auf den Tisch: »Haltet euch fest! Die Firma von meinem *baas* hatte gestern eine Weihnachtsfeier. Da haben sie wohl ein paar Weihnachtspakete für Mitarbeiter zu viel geliefert bekommen. Jedenfalls hat heute Morgen seine Frau zu mir gesagt: ›Rosy, ihr sollt auch ein schönes Weihnachtsfest haben! Nimm die zwei Kartons hier mit für deine Familie!‹« Erwartungsvoll guckte sie in unsere Gesichter und fügte triumphierend, als hätte es der Weihnachtswunder noch nicht genug gegeben, hinzu: »Und dann habe ich den ganzen Nachmittag freibekommen!«

Sonst ärgerte sich Mutter auch nach all den Jahren immer wieder darüber, dass die weiße Familie angeblich nicht ihren richtigen Vornamen Nosizwe aussprechen konnte und sie deshalb einfach Rosy rief. Heute war sie angesichts der Geschenke offensichtlich dermaßen versöhnt, dass sie sogar selbst den eigentlich verhassten Vornamen gebrauchte.

Da Mangaliso, Thabang und mir in der vergangenen Nacht wohl jegliche Reste vorweihnachtlicher Stimmung abhanden gekommen waren, schauten wir, einschließlich Oma, eher verdutzt als begeistert zurück. Würde ihr Weihnachtsjubel auch dem Gespräch mit Oma standhalten?

»Freut ihr euch denn gar nicht?«, rief sie mit gespielter Empörung und begann, ohne sich irritieren zu lassen, aus den Tüten Weinflaschen, Kerzenleuchter und Gebäck zu holen und vor uns aufzubauen.

»Ich muss mir dir reden, Tochter ...«, begann Oma und legte Mutter eine Hand auf den Arm.

Mit einem Schlag erfasste Mutter, dass unsere Sprachlosigkeit nicht von den Weihnachtstüten herrührte, sondern etwas Ernstes geschehen sein musste. Ihre gespielte Empörung verwandelte sich ebenso schlagartig in eine zutiefst empfundene: »Kann man sich denn in dieser Familie nicht ein einziges Mal einfach freuen? Muss hier immer etwas passieren? Wer hat denn jetzt schon wieder was angestellt?«

Blitzschnell musterte sie jeden von oben bis unten. Ihr Blick blieb schließlich an Thabangs Verband hängen, der zum Glück teilweise von einem Sweatshirt verdeckt wurde und deshalb nicht sofort in vollem Umfang sichtbar war. Trotzdem rief sie streng: »Thabang! Hast du dich geprügelt?«

Bevor Thabang weiter in Verlegenheit gebracht wurde, schritt Oma erneut ein. Resoluter, als ich es jemals bei ihr erlebt habe, unterbrach sie ihre Tochter und rief: »Nosizwe, komm mit mir vors Haus!«

Selbst Mutter schien für den Moment überrumpelt, klappte ihren bereits geöffneten Mund wieder zu und folgte Oma nach draußen.

Eine Weile lauschten wir der heiseren, hier drin jedoch kaum verständlichen Stimme von Oma. Bestimmt zehn Minuten redete sie ohne Pause. Dann fiel ihr plötzlich Mutter ins Wort, kam ins Haus gestürmt und schrie: »Thabang, was fällt dir ein, dich in Familienangelegenheiten zu mischen? Hast du nicht mit deiner Mutter genug durchgemacht? Noch heute verlässt du mit deinem Bruder unser Haus!« Und zu mir gewandt: »Thina, du bist gesund! Du wirst mit niemandem darüber sprechen, was diese verrückte Miss Delphine dir einzureden versucht hat! Unser *Sangoma* hat dich untersucht und gesagt, dass alles in Ordnung ist!«

»Aber Mama ...«

»Genug jetzt!«, schrie sie außer sich, hielt sich dann selbst erschrocken die Hand vor den Mund und fuhr in panischem Flüsterton fort:»Kein Wort darüber! Hast du mich verstanden?«

Thabang hatte inzwischen begonnen, seine und Thobiles Habseligkeiten in seine neue Schultasche zu packen.

»Bleib hier, Thabang!«, rief ich verzweifelt.

Gleichzeitig schaute ich mich Hilfe suchend nach Mangaliso um. Oma, Mangaliso und ich begannen nun gemeinsam auf Mutter einzureden, was ihren Jähzorn jedoch nur verstärkte. Grob stieß sie uns zurück und stemmte beide Arme in die Seiten.

»Schluss jetzt!«, übertönte sie uns alle.»Endlich geschieht hier auch einmal, was ich will! Thabang, verschwinde! Thina, sei still! Ich will nichts mehr hören ...«

Nach diesem letzten Ausbruch schien sie von einem Moment zum anderen selbst am Ende ihrer Kräfte. Übergangslos sackte sie laut schluchzend auf einem Stuhl zusammen, wobei sie eine der Weinflaschen umwarf, die daraufhin langsam vom Tisch rollte und auf dem Boden zerbarst, ohne dass jemand eine Hand rührte. Mangaliso und Oma versuchten sie erst noch zu beruhigen, aber Mutter stieß sie erneut zurück und blieb vorerst unansprechbar.

Mit Thabang und Thobile ging ich ratlos vors Haus.

»Thina, es hat jetzt keinen Sinn, weiter mit ihr zu reden«, meinte Thabang realistisch und längst nicht so mutlos wie ich.»Ich versuche Mr. Dlomo oder Miss Delphine zu erreichen. Vielleicht können Thobile und ich vorübergehend im Geräteschuppen der Schule schlafen.«

»Du bist verletzt, Thabang, das kann sie doch nicht machen«, gab ich gleichermaßen bitter wie ratlos zurück. Aber Mutter konnte. Die gleiche Stärke, mit der sie in ihrem Leben schon die schlimmsten Widrigkeiten für sich und ihre Familie überwunden hatte, konnte sich auch umkehren in eine eiskalte Härte, wie ich sie sonst von keinem anderen Menschen in meinem Leben kenne.

Nachdem Thabang und Thobile weg waren, sprach sie kein Wort mehr mit Mangaliso und mir und auch mit Oma nur das Allernötigste. Und das nicht nur für den Rest des Abends, sondern auch an den folgenden Tagen. Die anderen Geschwister wollten natürlich unbedingt wissen, was los war, aber Mutter blieb eisern und verdonnerte auch uns zum Schweigen.

Zum Glück gestattete Mr. Dlomo Thabang und Thobile, vorübergehend einen Teil des Geräteschuppens der Schule, in dem es auch einen Wasseranschluss gab, zu bewohnen. Miss Delphine war bereits nach Durban zu Angehörigen in die Ferien abgereist. Obwohl Mutter mir strikt untersagt hatte, mich mit Thabang zu treffen, sahen wir uns doch jeden Tag, mit Rückendeckung von Oma und Mangaliso. Mutter war ohnehin die meiste Zeit weg und hatte keine Chance, mich ständig zu kontrollieren.

Weihnachten selbst, das Fest des *iKrismesi*, drohte natürlich eine einzige Katastrophe zu werden. Eigentlich hatte ich mir auf Omas Rat hin vorgenommen, die Festtage irgendwie durchzustehen und eventuell sogar mit Mutter und den anderen in die Kirche zu gehen. Aber dann schaffte sie es doch noch selbst, den Kessel zum Überkochen zu bringen.

Nach Tagen des verordneten Schweigens richtete sie am Weihnachtsabend plötzlich wieder erste Worte an mich: »Thina, nach dem Fest werde ich dich noch einmal untersuchen lassen von einem anderen bekannteren *Sangoma*. Die Menschen sind hysterisch geworden wegen dieser Seuche, die sie AIDS nennen und über die bisher kaum jemand wirklich etwas weiß.«

Ich dachte erst: Ein Glück, sie wird wieder ruhiger. In aller Vorsicht warf ich deshalb ein: »Und wenn ich es doch habe?«

»Du bist nicht schwanger, also hast du auch kein AIDS«, gab sie wie ein verstocktes Kind zurück. »Ich werde den *Sangoma* bezahlen, dass er alle Gerüchte zerstreut und bestätigt, dass auf unserer Familie keine Schande lastet.«

»Aber Mama, vielleicht brauche ich eine Behandlung. Jeder weiß doch, dass man auch HIV-infiziert sein kann, ohne schwanger zu werden ...«

»Hast du das auch von deiner Miss Delphine?«, schoss sie giftig zurück. Und ab dann begann sie, aus allen Rohren und ohne Rücksicht auf Verluste zu feuern: »Oder hast du dich etwa mit diesem Thabang eingelassen? Du scheinst ja völlig verrückt nach dem zu sein. Hat er das vielleicht von seiner Mutter an dich ...«

Wahrscheinlich hätte sie hundert andere brutale Dinge sagen können und ich wäre doch ruhig geblieben, weil ich es mir so fest vorgenommen hatte und wusste, dass Mangaliso und Oma zu mir standen. Aber Thabang, der es, nicht zuletzt durch sie, schwer genug hatte, auf so gemeine Weise zu beschuldigen – da brannten bei mir die letzten Sicherungen durch! Ich öffnete meinen Mund, um ihr in aller Deutlichkeit zu sagen, was ich von ihrem selbstgerechten und ignoranten und dummen und egoistischen Verhalten hielt, wie sehr sie mich dabei im Stich ließ, warum sie alles nur noch schlimmer machte mit ihrem Verleugnen. Aber kein Ton kam aus meinem Mund. Zumindest muss ich eine so beeindruckende Grimasse gezogen haben, dass sie doch einen Moment innehielt und mich erwartungsvoll anschaute.

Noch einmal schluckte ich. Dann schleuderte ich ihr all meine Wut und Verzweiflung entgegen und schrie: »Ich hasse dich ...!« Auf der Stelle drehte ich mich um und rannte aus dem Haus, wobei ich die Tür einfach weit offen stehen ließ. Zunächst lief ich ziellos die NY 5 hinunter. Nur weg, weg von allem. Die NY 5 ist ganz schön lang. Aber ich verlangsamte mein Tempo erst, als ich unter der großen Autobahnbrücke ankam.

Schwer atmend lehnte ich mich gegen eine der Betonwände, während die Autos über mich hinwegdonnerten. Alles schien zu beben, mein Innerstes, aber auch die ganze Welt um mich herum.

Und in all diesem Brausen und Beben wusste ich plötzlich, dass es in der kommenden Nacht nur einen einzigen Ort auf dieser Welt geben würde, wo ich sein wollte. Ich wischte mir den Schweiß von der Stirn und richtete mich auf. Ohne äußere Hast ging ich den langen Weg von der Autobahnbrücke bis zu unserer Schule mitten durch die Nacht. Obwohl ich zu dieser späten Stunde kaum jemandem begegnete, fühlte ich mich doch auf eigenartige Weise sicher und beschützt. Ich wusste, dass es jemanden gab, der mich niemals im Stich lassen würde, und das ist vielleicht das Schönste, was ein Mensch sich wünschen kann.

Auch in dieser Nacht war die Schulfassade wieder von den gelben Scheinwerfern erleuchtet, die ich als Erstes aus der Ferne erkennen konnte. Der Geräteschuppen befand sich am hinteren Ende der Gebäude. Da alle Tore geschlossen waren und ich nicht wusste, ob die Wachhunde auch während der Ferien nachts frei herumliefen, umrundete ich erst das ganze Gelände, sammelte dann ein paar kleine Steine und warf sie über den mit Stacheldraht gesicherten Zaun gegen die Metallwand des Schuppens. Nach dem dritten Klacken wurde eine Luke an der Seite einen winzigen Spalt geöffnet.

»Thabang – ich bin's!«

»Thina! Wie schön!«, rief Thabang erfreut zurück und ließ die Luke nach unten knallen. »Komm zum Tor beim Parkplatz! Dafür habe ich einen Schlüssel.«

Als wir gemeinsam den Schuppen betraten, war ich erstaunt, wie gemütlich es sich Thabang und Thobile mit den einfachsten Mitteln hier gemacht hatten. Eine kleine Petroleumlampe, die auf einer mit einer bunten Decke überspannten Holzkiste stand, verbreitete ein warmes Licht.

»Ich habe frühestens morgen wieder mit dir gerechnet, Thina«, sagte Thabang und lachte, um jeden Zweifel zu verwischen, dass ich irgendwie ungelegen käme. Ich fühlte, wie sehr er sich freute, dass ich da war. Im schummrigen Licht der Lampe sah ich, wie der kleine Thobile trotz unseres Lärms zusammengerollt neben der Holzkiste auf der blanken Erde schlief.

»Das ist unser Stall, ja?«, meinte ich lächelnd.

Thabang schaute irritiert. »Wie?«

»Morgen ist doch Weihnachten und Thobile ist unser Kind und Guguletu ist Bethlehem ...«

»Aber ich bin Thabang und will nicht Joseph sein!«, rief er und umarmte mich leidenschaftlich.

»Okay, okay! Meine Chance als Jungfrau Maria habe ich sowieso verpasst ...«

Und dann geschah tatsächlich so etwas wie die Heilige Nacht. Jedenfalls finde ich bis heute, dass es das beste Weihnachten war, das ich jemals erlebt habe. Eine ganze Nacht mit Thabang, ganz dicht beieinander und warm, so einfach und doch welch ein Reichtum.

So glücklich fühlte ich mich, trotz all des Schrecklichen, das ich erlebt hatte, das um uns herum war und sicher auch noch vor uns lag. Es war nach dieser Nacht, dass ich wusste, dass ich ihn liebte, und dass ich das Wort gar nicht mehr kitschig fand, auch wenn ich es ihm gegenüber noch lange nicht aussprechen konnte.

Es sollte noch viele Monate dauern, bis wir unsere Liebe auch öffentlich bekannt geben konnten – die Liebe zwischen einem nicht-infizierten Jungen (auch Thabang hatte auf meine Bitte einige Monate nach dem blutigen Kampf mit Nkulu einen HIV-Test machen lassen), der seine Mutter durch AIDS verloren hat, und einem HIV-positiven Mädchen. Lange Zeit waren wir überzeugt, dass wir das einzige derartige Liebespaar auf der Welt wären. Inzwischen ahnen wir, wie viele Eheleute, Liebespaare, Eltern und Kinder sich dem Leben mit dieser Krankheit stellen müssen, auch wenn es noch immer zu viele nicht wahrhaben wollen. Miss Delphine meinte, dass es inzwischen im südlichen Afrika wohl kaum noch Familien gibt, deren Leben nicht direkt oder indirekt von AIDS beeinflusst ist.

Unser Theaterstück damals, etwa drei Wochen nach den Sommerferien, war ein großer Erfolg. Zehnmal lief es allein in *Forest Hill* vor vollem Haus, bei Henk, Mary und unseren anderen Freunden in Newlands sogar noch öfter. Zwar hatten wir es in Anlehnung an die berühmte Westside-Story schließlich doch noch umgetauft in *Township Blues*, weil einige Eltern die deutliche Kondomwerbung im Titel bis zuletzt nicht hatten vertragen können. Aber es war ab dann nicht mehr möglich, so zu tun, als gäbe es AIDS überall in Südafrika und der Welt außer in Gugs.

Nach der fünften Aufführung – wir waren noch alle in unserem Klassenraum mit Umziehen beschäftigt – bat ich aus einem spontanen Gefühl heraus um einen Moment Ruhe und sagte den anderen ohne irgendein Drumherumreden, dass ich HIV-positiv bin. Niemand reagierte blöd. Lindi und Henk, die inzwischen auch im wirklichen Leben eine Art Julia und Romeo waren, umarmten mich beide. Sizwe sagte, dass sein ältester Bruder und dessen bester Freund auch infiziert seien. Und als wollte er sicher sein, dass wir ihn richtig verstanden hätten, fügte er noch hinzu: »Die beiden lieben sich, zwei Männer, klar?«

Einziger Wermutstropfen: Mutter kam nicht zur Premiere in unsere Schule. Sie beharrt nach wie vor auf einer Wirklichkeit, die es schon lange nicht mehr gibt. Zumindest aber versucht sie nicht mehr, meine notwendige medizinische Betreuung durch Miss Delphines Arzt zu verhindern, bei dem ich einmal im Monat meine Blutwerte untersuchen lasse. Bis jetzt brauche ich keine Medikamente. Mein Immunsystem ist aus eigener Kraft noch stark genug. Und wenn ich sie irgendwann doch benötige? Ich wage nicht daran zu denken.

An einiges wage ich noch nicht zu denken. Bisher sind die meisten Medikamente so unerschwinglich teuer, dass sich nur Wohlhabende so was leisten können. Ob sich daran etwas ändert, noch rechtzeitig für mich? Ich will noch nicht darüber nachdenken. Noch nicht jetzt. Noch geht es ohne.

Was mich in diesen Monaten vor allem bewegt: Bis heute haben Thabang und ich nicht Mutters Segen. Mir tut das weh, aber ich kann es nicht ändern. Vielleicht irgendwann, wenn auch sie versteht ... wenn ihre Ängste nicht mehr ihren Verstand und ihr Herz lähmen. Während der kalten Wintermonate habe ich begonnen aufzuschreiben, wie alles gekommen ist. Ich weiß, dass sie es nicht lesen will, und wenn doch, das meiste als Lügen abtun wird. Ich werde es erst Thabang zu lesen geben. All die vollgekritzelten Schulhefte – zehn Stück sind es geworden! – will ich ihm als Geschenk überreichen. Vielleicht eines Tages am Meer, wenn es Frühling wird, wenn endlich die Sonne wieder warm genug ist, um mit nackten Füßen am Strand entlang zu laufen.

Auch wenn Thabang und ich nicht Mutters Segen haben, so bekamen wir doch so etwas wie eine Art Segen von Oma. Bald nach unserer Heiligen Nacht war das. Davon will ich zuletzt berichten, weil ich es als ein gutes Omen ansehen möchte für alles, was noch kommen wird.

Zuerst muss ich sagen, dass es fraglos nur Mangaliso und Oma zu verdanken war, dass Mutter uns nicht sofort die Polizei oder irgendeinen Wachdienst auf den Hals geschickt hat. Natürlich ahnte sie irgendwann, wohin ich mich aus dem Staub gemacht hatte. Denn dafür gibt es in Gugs zu viele Augen und Ohren, als dass ihr nicht längst irgendwer zugetragen hätte, wo Thabang und Thobile seit ihrem Rauswurf untergekommen waren.

Zwei Tage und Nächte blieb ich bei Thabang und seinem kleinen Bruder. Dann kehrte ich nach Hause zurück, vorbereitet auf das Schlimmste. Aber nichts dergleichen geschah.

Auf wunderbare Weise hatte Mutter sich zumindest nach außen hin wieder beruhigt. Im Haus waren mehrere Onkels und Tanten zu Besuch, die ich ewig nicht gesehen hatte und die alle von Oma eingeladen worden waren.

»Wie war es bei deiner Freundin in Kapstadt, Thina?«, fragte eine Tante neugierig, die unglaublich dünn war und ein leuchtend gelbes Gewand trug. Aus dem gleichen Stoff hatte sie sich ein Tuch wild um den Kopf geschlungen.

Erstaunt sah ich Oma an, die unauffällig zurückblinzelte.

»Super!«, antwortete ich freundlich und begrüßte dann jedes der fernen Familienmitglieder mit den gebührenden Höflichkeiten. Immer wieder wurden anerkennende Bemerkungen über Mangalisos zurückgewonnene Sprechfähigkeit gemacht.

»Es geschehen noch Wunder!«, meinte ein Onkel, der nicht viel älter als Mutter sein konnte.

»Keine Wunder, keine Wunder ...«, rief Oma. Ich war überrascht, wie sie mit ihrer heiseren Stimme die ganze Gesellschaft übertönen konnte. »Aber wer wissen will, was wirklich geschehen ist, der möge nun hineinkommen, da der Rat jedes Einzelnen unserer Familie gefragt ist.«

Und dann dirigierte sie trotz der Hitze alle ins Haus. Selbst Mutter folgte ihren Anweisungen, als sei sie erleichtert, für keines der nun folgenden Geschehnisse die Verantwortung übernehmen zu müssen.

Die älteren Geschwister, auch Mangaliso, durften mit hinein. Die Jüngeren, wie auch ich, wurden erst später zu bestimmten Fragen hereingerufen.

Bis heute weiß ich nicht, wie es Oma und Mangaliso gelungen ist, Mutters Widerstand gegen eine Familienzusammenkunft zu brechen. Ich weiß auch nicht alle Details der dort getroffenen Vereinbarungen, da sich in den kommenden Wochen noch mehrfach Delegationen unserer Familie mit Abgesandten von Zwelis Familie trafen, um eine Übereinkunft ohne neues Blutvergießen auszuhandeln. In jedem Fall hatte man beschlossen, die Polizei aus dem Spiel zu lassen und selbst nach einer Lösung des Konflikts zu suchen.

Zu meinem und wohl auch zu Zwelis Glück fand die traditionelle Lösung einer Zwangsheirat nach einer Vergewaltigung keine Mehrheit. Doch wurde Zweli zur umgehenden Beschneidung und der damit verbundenen Unterweisung in die Pflichten eines erwachsenen Mannes verurteilt, seine einzige Chance, um von seinem Clan wieder aufgenommen zu werden. Der jüngere Vuyo war durch den Tod seines geliebten Bruders bestraft genug, darin waren sich alle einig, zumal er hoch und heilig versichert hatte, sich an keinerlei Überfällen oder anderen Verbrechen der Gangs mehr zu beteiligen.

Gleichwohl wurden die Zahlungsforderungen keineswegs fallen gelassen, die anfangs einen gewöhnlichen Brautpreis bei weitem überstiegen. Begründet wurden diese Ansprüche mit möglichen späteren Gesundheitsschäden bei mir, für die etwas zurückgelegt werden müsse, ohne dass deshalb auch nur einmal das Wort AIDS erwähnt wurde.

Wohl kam Thabangs Rolle zur Sprache. Bei meiner Befragung wollte ein dicklicher Onkel aus *Nyanga* plötzlich wissen, von welcher Art unser Verhältnis genau sei. Ich bemerkte, wie sich Mutters Augenbrauen drohend zusammenzogen, und hatte keine Idee, wie ich auf diese Frage antworten sollte, ohne zu lügen oder einen neuen Konflikt zu produzieren.

Da hob Oma ihre faltige Hand und wandte sich direkt an den Onkel: »Themba, Sohn meines Bruders, kennst du unser weises Wort *umtya nethunga,* mit dem wir eine besonders wertvolle Freundschaft zwischen zwei Menschen bezeichnen? Thabang und Thina sind wie *umtya nethunga,* wie das Seil und der Eimer, die beide nötig sind, um Milch von unseren Kühen zu bekommen.«

»Also, du meinst, *Makhulu,* Thabang ist wie ein starkes Seil für Thina?«, vergewisserte sich der Onkel arglos.

Oma nickte. Das Palaver ging weiter seinen Gang. Aber ich wusste, dass unsere Liebe nicht mehr ohne jeglichen Segen war. Ein gutes Omen.

Noch ist es kalt. Meine Finger fühlen sich klamm an, während ich mit meinem Stift über die letzte Seite kratze. Aber ich weiß sicher, dass das Klima bald milder werden wird, egal wie viele Stürme wir bis dahin noch zu überstehen haben. Der Frühling wird kommen.

Glossar

Ama 27: »Die 27er« (Bandenname), die Zahl gibt die Nummer einer Zellentür im Gefängnis an

Amaqhawe: »Amaqhawe ezitalato« sind die »Helden der Straße« (Bandenname)

ANC: Afrikanischer Nationalkongress, Südafrikas älteste Befreiungsbewegung, seit 1994 stärkste politische Partei

Baas: weißer Chef oder Vorgesetzter, früher häufig auch generelle Anrede männlicher Weißer durch Nichtweiße

Buren: weiße, männliche Südafrikaner niederländischer Abstammung, früher auch Schimpfwort für Polizisten

Casspir: gepanzertes Polizeiauto

Crossroads: Township bei Kapstadt

Iimbotyi: Bohnen

Iintsara: »Die niemals sterben« (Bandenname)

Indaba: Versammlung, Beratung

Maid: »Hausmädchen«, Bezeichnung von Weißen für zumeist schwarze oder »farbige« erwachsene Hausangestellte

Mealie pap: Maisbrei

Mfundo: Erziehung, Bildung (hier: Name einer High School)

Mlungu: ein Weißer

Nyanga: Township bei Kapstadt, gleich neben Guguletu

NY: Abkürzung für »Native Yard«, bedeutet so viel wie: »Eingeborenen-Hof« (diskriminierende Straßenbezeichnung aus der Apartheid-Zeit in *Townships*).

Rand: südafrikanisches Geld (1 Rand entspricht z. Zt. ca. 0,30 DM)

Sangoma: traditionelle Heilerin oder Heiler
Shebeen: Township-Kneipe
Sjambok: schwere Lederpeitsche
Stoep: Veranda
Thinner: Klebstoff oder Lösungsmittel, das als Billigdroge zum Schnüffeln benutzt wird und Hirnschädigungen verursacht
Thixo: Gott (hier Ausruf: »Oh Gott!«)
Titshalakazi: Lehrerin
Township: nach Vertreibungen angelegter Ort für nicht-weiße Südafrikaner, meist in der Nähe großer Städte
Umqomboti: selbst gebrautes Bier

Inhalt

 **HOKISA**
HOMES FOR KIDS IN SOUTH AFRICA

**Eine Initiative in der Folge
von TOWNSHIP BLUES**

Im März 2001 wurde in Kapstadt die gemeinnützige Organisation HOKISA (Homes for Kids in South Africa) von Lutz van Dijk und der Südafrikanerin Karin Chubb gegründet.

HOKISA engagiert sich für von AIDS besonders betroffene Kinder und Jugendliche, von denen viele, wie Thabang und Thobile, ihre Eltern durch AIDS verloren haben, viele auch selbst infiziert sind, wie Thinasonke.

HOKISA möchte mithelfen, diesen Kindern und Jugendlichen ein Zuhause zu schaffen – in enger Zusammenarbeit mit den kulturellen Gemeinschaften, in denen sie geboren wurden.

TOWNSHIP BLUES ist auch in Südafrika erschienen (in einer Übersetzung von Karin Chubb, die auch ein Lehrerhandbuch erarbeitete) und wird inzwischen in vielen Schulen gelesen. Alle Autorenhonorare für dieses Buch sowie das Preisgeld des Gustav-Heinemann-Friedenspreises 2001 werden HOKISA zur Verfügung gestellt. Inzwischen gibt es auch Unterstützerkreise für HOKISA in Deutschland und den USA. Spenden sind steuerabzugsfähig und herzlich willkommen.

Kontakt in Deutschland:
Freunde von HOKISA
in Deutschland e.V.
Otto-Hersing-Weg 1a
D-48167 Münster
Spendenkonto: 550 777 7700
Volksbank Recklinghausen
BLZ 426 61008

Danksagung

Für zahlreiche Anregungen und vielfältige Unterstützung sowie für die Erfahrung eines Zuhauses in Südafrika danke ich insbesondere Karin und Peter Chubb, Kapstadt. Dank für Beratung bei der Endfassung des Manuskripts geht an: Marion Schweizer, Hamburg, Nicki Clarke von Maskew Miller Longman Publishers, Kapstadt, Frank Stevens von amnesty international, Amsterdam, sowie Perry Tsang, Amsterdam.

Für Übersetzungen und die Vermittlung eines tieferen Verständnisses von isiXhosa geht mein Dank an Zama Japhta, Kapstadt, und Mahlubi Chief Mabizela von der »Education Policy Unit« der »University of the Western Cape«. Für inspirierendes Mitlesen des Manuskripts danke ich Nomalinde Mvambi, Koordinatorin für »Zanoxolo-Special-Education« an der Mseki-Grundschule in Guguletu, Mbulelo Mtshanyana und Reinhard Widera, Kapstadt, sowie Zola Mdingana und Volker Janssen, Simon's Town. Wichtige Kontakte vermittelte Dr. Lulu Makhubela von der »University of the Western Cape«.

Für Begegnungen und Gespräche in verschiedenen *Townships* bin ich Yazir Henry, Nasia Seria, Nkululeko Booysen, Thabo Mbilatshu, Otto Minnie, Mashaba Stoffel und Babalwa Ngewu vom Western-Cape-Action-Tours-Project sowie Trevor Murphy von der Amy-Biehl-Foundation zu Dank verpflichtet. Augenzeugenberichte von geschichtlichen Ereignissen verdanke ich vor allem drei Müttern der Initiative »Families scarred by Apartheid«: Mrs. Lee, Mrs. Ngewu und Mrs. Truter. Weitere historische Details des Lebens in *Townships*, im Besonderen in Guguletu, fand ich in den Büchern von Sindiwe Magona, vor allem in »Mother to Mother« (Cape Town 1998).

Lutz van Djik, Dr. phil, 1955 geboren in Berlin, war mehrere Jahre Lehrer in Hamburg und später Mitarbeiter der Anne-Frank-Stiftung in Amsterdam. Der mit verschiedenen Preisen ausgezeichnete Jugend- und Sachbuchautor ist Mitbegründer von HOKISA (Homes for Kids in South Africa), einer Organisation, die sich für von HIV/AIDS betroffene Kinder und Jugendliche engagiert. Er lebt und arbeitet als freier Schriftsteller in Amsterdam und Kapstadt. TOWNSHIP BLUES wird inzwischen in englischer Übersetzung an vielen Schulen in Südafrika gelesen.

Veröffentlichungen u. a.: Verdammt starke Liebe (1991, Hans-im-Glück-Preis), Der Partisan (1992, Hans-im-Glück-Preis), Von Skinheads keine Spur (1994, Jugendliteraturpreis von Namibia 1997, Empfehlungsliste Gustav-Heinemann-Friedenspreis 1995), Der Traum vom Regenbogen – Südafrikas Jugend zwischen Wut und Hoffnung (1999, gemeinsam mit Karin Chubb, Vorwort von Erzbischof Desmond Tutu). Für TOWNSHIP BLUES erhielt Lutz van Dijk den Gustav-Heinemann-Friedenspreis für Kinder- und Jugendliteratur 2001.

Bei Elefanten Press erschienen außerdem sein Jugendroman »Hartes Pflaster« (1998), sowie das Jugendsachbuch »Homosexuelle – Zwischen Todesstrafe und Emanzipation« (Edition »Ich klage an!«, 2001)

Lutz van Dijk
Hartes Pflaster
Ab 12 Jahre
ISBN 3-570-14568-9

Irgendwann hält Micha es zu Hause nicht mehr aus. Zusammen mit Achim von nebenan macht er eines Tages die Fliege,
um nie wieder zurückzukommen. Die beiden kapern einen
alten Lieferwagen und fahren damit nach Berlin. Bei einer
Fahrkartenkontrolle in der S-Bahn müssen sie fliehen und
verlieren sich. So muss sich Micha im Dschungel der Groß-
stadt erst mal allein durchschlagen. Das Leben auf der Straße
ist alles andere als einfach und Micha erlebt alle Höhen und
Tiefen, durch die ein Jugendlicher in dieser Situation gehen
kann.

Lutz van Dijk
Homosexuelle
Zwischen Todesstrafe
und Emanzipation
ISBN 3-570-14612-X

In wenigen Ländern dürfen Homosexuelle heiraten. In vielen werden sie verfolgt. In manchen droht ihnen gar die Todesstrafe, nur weil sie Menschen ihres eigenen Geschlechts lieben. Mark, 17, muss miterleben, wie er und sein Freund in einer belebten Hamburger Fußgängerzone zusammengeschlagen werden, weil sie schwul sind. Mary, 22, ist lesbisch und muss aus ihrer Heimat Simbabwe fliehen, nachdem ihre Familie sie verstoßen hat. Ihre Geschichten stehen für viele, die keine Wahl haben, als den Mund aufzumachen, wenn sie für ihre Form der Liebe einstehen wollen.

Ein Sachteil informiert über die Geschichte der Homosexuellenverfolgung in Deutschland und anderswo, über die verschiedenen Formen der sexuellen Orientierung, über die aktuelle Situation der Homosexuellen in der ganzen Welt, über ihre Verfolgung, aber auch über die Geschichte ihrer Emanzipation, die Schwulenbewegung und über humanitäre Organisationen, die gegen die Verfolgung Homosexueller kämpfen und sich für die Opfer engagieren.